Brunold
Kompass

Severin Brunold

KOMPASS

Der Wegweiser für schriftliche Arbeiten
auf der Sekundarstufe II

Severin Brunold, geboren 1985, arbeitet seit 2013 als ICT- und Geografielehrer am Gymnasium Oberwil BL, betreut Maturaarbeiten, Fachmaturitätsarbeiten sowie selbstständige Arbeiten und lehrt in einem methodenzentrierten Unterricht das Planen und Verfassen von schriftlichen Arbeiten.

Severin Brunold
Kompass
Der Wegweiser für schriftliche Arbeiten auf der Sekundarstufe II
ISBN 978-3-0355-1822-1

Bibliografische Information der Deutschen Nationalbibliothek:
Die Deutsche Nationalbibliothek verzeichnet diese Publikation
in der Deutschen Nationalbibliografie; detaillierte bibliografische
Daten sind im Internet über http://dnb.dnb.de abrufbar.

hep-verlag.ch

 Zusatzmaterialien und -angebote zu diesem Buch:
http://mehr.hep-verlag.ch/kompass

Inhalt

1 Vorwort

Wie schreibe ich eine Arbeit? Diese Frage beschäftigt mich, seit ich vor Jahren damit begonnen habe, Schülerinnen und Schüler beim Schreiben von selbstständigen Arbeiten zu begleiten. Ich fand viel wissenschaftliche Literatur und schulinterne Leitfäden zu diesem Thema. Während aber die Bücher sehr umfangreich und nicht direkt für praktische Arbeiten an der Schule geeignet sind, decken die Leitfäden der Schulen nur wenige Bereiche dieses breiten Themas ab. Das motivierte mich, das relevante Wissen und die gute Praxis über das Schreiben einer Arbeit in einem kompakten und übersichtlichen Nachschlagewerk zusammenzustellen.

Warum hat der Autor dieses Thema gewählt?

Dieser «Kompass» wäre nicht entstanden ohne die Unterstützung verschiedener Personen. Mein Dank geht an Markus Gisin und viele weitere Lehrpersonen für wertvolle Ideen und Ergänzungen. Ebenfalls danke ich meiner Familie für die Motivation und Unterstützung. Weiter bin ich zahlreichen Schülerinnen und Schülern der FMS und des Gymnasiums Oberwil BL für ihr Feedback dankbar.

An wen geht sein Dank?

Zur Verwendung des «Kompass»

Unter hep-verlag.ch/kompass finden Sie Vorlagen, Arbeitsblätter und eine Checkliste, die Ihnen das Planen und Schreiben der Arbeit erleichtern. Beachten Sie die Checkliste im Anhang (vgl. S. 54ff)

Wie arbeite ich mit dem «Kompass»?

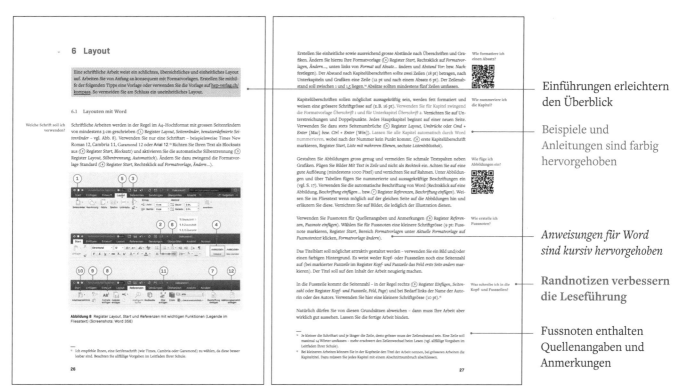

Einführungen erleichtern den Überblick

Beispiele und Anleitungen sind farbig hervorgehoben

Anweisungen für Word sind kursiv hervorgehoben

Randnotizen verbessern die Leseführung

Fussnoten enthalten Quellenangaben und Anmerkungen

Abbildung 1 Layout und grafische Elemente des «Kompass»

2 Einleitung

Warum ist dieses Thema relevant?

In der Schweiz erwerben mehr als ein Drittel der jungen Erwachsenen einen Maturitätsabschluss.[1] Sie müssen während Ihrer Schulzeit relativ selbstständig mindestens eine, in der Regel aber mehrere grössere schriftliche Arbeiten wie die Maturaarbeit schreiben. Daraus ergibt sich folgende Fragestellung:

Welche Frage wird beantwortet?

Wie schreibe ich eine schriftliche Arbeit?

Der «Kompass» beantwortet diese Frage umfassend und kann für alle schriftlichen Arbeiten der Sekundarstufe II[2] sowie als Grundlage für das Studium verwendet werden. Er ersetzt jedoch nicht die spezifischen Vorgaben und Bewertungskriterien der Schulen, die meist in einem Leitfaden definiert sind. Der Begriff «Schreiben» beinhaltet alle relevanten Themen und Fertigkeiten, die mit dem Planen und Verfassen einer Arbeit verbunden sind, beispielsweise zu Arbeitsorganisation, Umgang mit Literatur, Methoden oder zur Vorbereitung auf die mündliche Präsentation.

Was ist das Ziel des «Kompass»?

Das Ziel des «Kompass» ist es, den Schülerinnen und Schülern sowie den Lehrpersonen auf der Sekundarstufe II das grundlegende Wissen über das Planen und Schreiben einer Arbeit in übersichtlicher und kompakter Form zu vermitteln. Wie ein physischer Kompass zeigt er die Richtung und das Ziel dieses Projekts auf. Der konkrete Weg muss jedoch individuell gefunden und relativ selbstständig gegangen werden. Dabei dient der «Kompass» als Wegweiser bzw. Nachschlagewerk. Der «Kompass» ist in verschiedenen Belangen wie eine schriftliche Arbeit konzipiert. Er kann als Beispiel und Inspirationsquelle für die eigene Arbeit verwendet werden.

Welche Methode wird angewendet?

Der «Kompass» basiert auf verschiedenen Standardwerken über wissenschaftliches Arbeiten[3] und ergänzt dieses Wissen mit den Erfahrungen aus dem schulischen Alltag. Daraus entstand eine Synthese, welche die gute Praxis für das Schreiben von Arbeiten auf der Sekundarstufe II kompakt zusammenfasst.[4]

Wie ist der «Kompass» aufgebaut?

Im «Kompass» geht es zuerst um die Arbeitsorganisation, die Themenfindung, die Entwicklung der Fragestellung, den Aufbau einer Arbeit sowie die Unterscheidung von Vorwort und Einleitung. Anschliessend werden die Themen Layout, Literaturrecherche, Zitieren und Sprache behandelt. Es folgt eine Zusammenstellung der wichtigsten natur- und sozialwissenschaftlichen Methoden. Abschliessend werden das Schlusswort, die Reflexion und die Vorbereitung auf die mündliche Präsentation thematisiert.

Wie werden Quellen und Anmerkungen in die Fussnote geschrieben?

---

[1]   BFS, 2018, S. 4

[2]   Maturaarbeiten (MA) der gymnasialen Maturität, Fachmaturitätsarbeiten (FMA) der Fachmaturität, selbstständige Arbeiten (SA) der Fachmittelschule und Berufsmaturitätsarbeiten (BMA) bzw. interdisziplinäre Projektarbeiten (IDPA) der Berufsmaturität.

[3]   American Psychological Association, 2010; Backhaus & Tuor, 2008; Bonati & Hadorn, 2009; Duden, 2015; Pospiech, 2017; Prexl, 2015; Schmitz & Zöllner, 2007; Schweizer Jugend forscht, 2013; Wolfsberger, 2016

[4]   Da es wegen unterschiedlicher Vorgaben verschiedener Wissenschaftsbereiche nicht möglich ist, allen Wünschen gerecht zu werden, beziehe ich mich auf etablierte Standardwerke wie jenes der American Psychological Association (APA). Bei einem direkten Bezug zur Literatur werden die Quellen angegeben.

Wissenschaftliches Arbeiten

Schriftliche Arbeiten auf der Sekundarstufe II führen die Schülerinnen und Schüler an das wissenschaftliche Arbeiten heran. Dabei sollten Sie für einen klar definierten Untersuchungsbereich eigenständige Erkenntnisse gewinnen oder ein Themengebiet in einen neuen Blickwinkel stellen. Sie arbeiten mit einer wissenschaftlichen Methode und müssen verschiedene formale und inhaltliche Kriterien erfüllen:

Es geht darum, sich intensiv und umfassend mit einem klar umrissenen Thema auseinanderzusetzen, dieses in den übergeordneten Kontext einzuordnen, Bezüge herzustellen und die relevanten Aspekte zu vertiefen. Aussagen werden mit Quellen und Daten belegt, mit Theorien oder Modellen verglichen, mit Argumenten begründet, hinterfragt und kritisch beurteilt. In der Regel stellen Sie eine Hypothese auf, die Sie mit einer Untersuchung differenziert bestätigen (verifizieren) oder widerlegen (falsifizieren). Die Durchführung der Methode soll unabhängig von Ihnen als Person (objektiv) sein und wiederholt werden können. Die Argumentation und die Beschreibung der Methode müssen verständlich und nachvollziehbar sein.

Was ist wissenschaftliches Arbeiten?

Die Arbeit baut auf aktueller und relevanter Literatur zum Thema auf. Dabei stützen Sie sich auf fremde Gedanken und müssen dies transparent belegen. Alle Quellen sind nachvollziehbar sowie formal einheitlich anzugeben und im Literaturverzeichnis detailliert aufgeführt. Sie zeigen auf, dass Sie Informationen zum Thema recherchieren, lesen, zusammenfassen, kritisch beurteilen und in den Kontext Ihrer Arbeit stellen können. Dementsprechend ist die Sprache sachlich-objektiv, präzise und korrekt, Begriffe werden erklärt und bei Bedarf diskutiert. Die Gliederung ist logisch und umfasst eine Einleitung, einen literaturbasierten Theorie- und einen methodenbasierten Praxisteil sowie ein Schlusswort, in dem die Fragestellung – der rote Faden der Arbeit – beantwortet wird.

Schliesslich geht es bei einer schriftlichen Arbeit auch darum, selbstständig und gewissenhaft zu arbeiten, sich und die Arbeit zu organisieren, mit der Betreuungsperson zusammenzuarbeiten und den Arbeitsprozess kritisch zu reflektieren.

3 Planung

Die Verantwortung für das Schreiben und die termingerechte Abgabe der Arbeit liegt bei Ihnen. Auf den folgenden fünf Seiten lernen Sie, welche Produkte Sie wann erstellen müssen, was Sie von Ihrer Betreuungsperson erwarten können und wie Sie sich die Zeit dank eines guten Zeitplans sinnvoll einteilen. Weiter wird Ihnen aufgezeigt, wie Sie in einer Gruppe produktiv zusammenarbeiten können.

3.1 Der Entstehungsprozess in sechs Phasen

Schriftliche Arbeiten der Sekundarstufe II umfassen sechs Phasen:

1. **In der Orientierungsphase** geht es darum, eine geeignete Betreuungsperson und ein konkretes Thema zu finden (vgl. S. 15). Die Betreuungsperson soll thematisch und methodisch kompetent sein, und Sie sollten gut mit ihr auskommen.

Was muss ich zuerst planen?

2. **In der Planungsphase** grenzen Sie in enger Zusammenarbeit mit Ihrer Betreuungsperson das Thema ein, entwickeln die Fragestellung und wählen die Methode (vgl. S. 18f). Sie erstellen eine Inhaltsübersicht sowie einen Zeitplan (vgl. S. 12). In einem Vertrag, einer Projektskizze oder Arbeitsvereinbarung halten Sie die Grundzüge der Arbeit fest. Diese wird von allen Beteiligten unterschrieben und umfasst grundsätzlich alle in diesem Abschnitt erwähnten Aspekte (Arbeitstitel, Beschreibung des Themas, Fragestellung, Hypothese, Ziel, Methodenbeschreibung, Literaturangaben, Ansprechpersonen, Inhaltsübersicht sowie den Zeitplan). Beachten Sie die spezifischen Vorgaben im Leitfaden Ihrer Schule sowie die Arbeitsblätter auf hep-verlag.ch/kompass. Hängen Sie die Fragestellung und den Zeitplan an Ihrem Arbeitsplatz auf – so behalten Sie stets den Überblick.

Wie beginne ich?

3. **In der Vorbereitungsphase** recherchieren und lesen Sie relevante Literatur zu Ihrem Thema (vgl. S. 29ff). Anschliessend strukturieren Sie die für Ihre Fragestellung relevanten Informationen, legen die Gliederung Ihrer Arbeit fest und präzisieren Ihren Zeitplan. Klären Sie mit Ihrer Betreuungsperson spezifische Anforderungen zum Zitieren sowie zum Layout. Vereinbaren Sie gegebenenfalls besondere Bewertungskriterien. Erstellen Sie eine Vorlage für Ihre Arbeit oder verwenden Sie jene von hep-verlag.ch/kompass. Im Gegensatz zu verschiedenen Ratgebern empfehle ich Ihnen, bereits jetzt die Rohfassung des Vorworts und der Einleitung zu schreiben (vgl. S. 21f). Diese bilden die Grundlage und definieren die Leitplanken Ihrer Arbeit. Die groben Inhalte von Vorwort und Einleitung entnehmen Sie der Arbeitsvereinbarung (vgl. 2. Punkt). Planen Sie anschliessend detailliert das methodische Vorgehen. Besprechen Sie die Einleitung und das methodische Vorgehen mit Ihrer Betreuungsperson.

4. **In der Schreib- und Forschungsphase** folgen die Erarbeitung des Theorieteils (vgl. S. 24f) sowie die Erhebung, Darstellung und Diskussion der Resultate des Praxisteils. Zuletzt schreiben Sie das Schlusswort und überarbeiten die Einleitung.

5. In der Überarbeitungsphase überarbeiten und korrigieren Sie Ihre Arbeit (vgl. S. 36f). Planen Sie im Zeitplan mindestens eine Woche für diese wichtige Phase ein und verwenden Sie die Checkliste auf den letzten Seiten (vgl. S. 54ff). Parallel dazu schreiben Sie die Reflexion (vgl. S. 47f).

6. Die mündliche Präsentation folgt auf die Abgabe der schriftlichen Arbeit.

Was kann ich von meiner Betreuungsperson erwarten?

Gehen Sie bei Unsicherheiten, Unklarheiten oder Problemen aktiv auf Ihre Betreuungsperson zu und fragen Sie regelmässig nach Besprechungen. Senden Sie Ihrer Betreuungsperson vor den Besprechungen Fragen und Teile Ihrer Arbeit oder Planung, damit sie sich vorbereiten kann. Ihre Betreuungsperson kann Ihnen Literaturhinweise geben, unterstützt Sie beim Planen der Methode, bespricht Zwischenresultate und gibt Ihnen immer wieder ein konstruktives Feedback. Schliesslich bewertet und benotet sie Ihre Arbeit – in der Regel zusammen mit einer weiteren Lehrperson (vgl. die Bewertungskriterien Ihrer Schule). Wenn Sie mit Teams arbeiten, empfehle ich Ihnen, für die Kommunikation mit Ihrer Betreuungsperson einen Chat auf Teams einzurichten.

Was schreibe ich ins Arbeitsjournal?

Bei schriftlichen Arbeiten wird eine Dokumentation des Arbeitsprozesses in einem Arbeitsjournal verlangt. Schreiben Sie in einer Tabelle Schritt für Schritt auf, was Sie wann machen und wie lange dies ungefähr dauert. Dokumentieren Sie ebenfalls die Besprechungen mit Ihrer Betreuungsperson. Das Arbeitsjournal ist die Grundlage für die Bewertung des Arbeitsprozesses. Vorlagen für das Arbeitsjournal finden Sie auf hep-verlag.ch/kompass unter «Weitere Materialien».

Tabelle 1 Beispiel eines Arbeitsjournals

Datum	Inhalt / Arbeitsschritt	Dauer [h]
7.2.2020	Besprechung möglicher Themen mit Lehrperson X	0.5
9.2.2020	Einlesen in das Thema Y	2

Erstellen Sie immer wieder ein Back-up Ihrer Arbeit – in der Cloud und/oder auf einem USB-Stick oder einer externen Festplatte.

3.2 Zeitmanagement mittels Zeitplan

Damit Sie vor der Abgabe Ihrer Arbeit genügend Zeit für die Auswertung Ihrer Daten und die Überarbeitung haben, brauchen Sie einen übersichtlichen Zeitplan, der laufend dem tatsächlichen Arbeitsfortschritt angepasst werden muss.

Den Zeitplan (vgl. «Vorlage Zeitplan» unter «Weitere Materialien» auf hep-verlag.ch/kompass) erstellen Sie in vier Schritten:

Wie erstelle ich einen Zeitplan?

1. Erstellen Sie eine Tabelle, bei der die Spalten als Zeitachse dienen. Schreiben Sie die Monate bis zum Abgabetermin in die erste Zeile.

2. Tragen Sie alle wichtigen Termine wie Abgaben, Freistellungstage oder Besprechungen im Zeitplan ein. Entnehmen Sie diese Termine dem Leitfaden Ihrer Schule.
3. Listen Sie in der ersten Spalte möglichst chronologisch alle relevanten Arbeitsschritte auf.
4. Legen Sie für jeden Arbeitsschritt fest, wann Sie an diesem Arbeiten. Beginnen Sie dabei von hinten, d.h. beim Abgabetermin (um sicherzustellen, dass Sie genügend Zeit für die Überarbeitung der Arbeit haben).

Wann schreibe ich an meiner Arbeit? Bestimmen Sie in Ihrem Stundenplan mindestens ein Zeitfenster, in dem Sie regelmässig an Ihrer Arbeit schreiben.

Untersuchung

Phasen / Monate — Meilensteine / Arbeitsschritte	Orientierung z.B. Februar — Thema gefunden	Planung März — Fragestellung eingegrenzt	Vorbereitung April — Grundlagenliteratur bereit	Vorbereitung Mai — Einleitung geschrieben	Schreiben Juni — Praxisteil geplant	Schreiben Juli — Theorieteil geschrieben	Schreiben August — Daten ausgewertet	Überarbeitung September — Arbeit überarbeitet
Themenfindung								
Arbeitsvereinbarung								
Literaturrecherche			Literatur lesen & verarbeiten					
Vorwort und Einleitung				Einleitung				
Theorieteil	Besprechungen							
Planung Praxisteil								
Daten erheben						Pretest		
Daten auswerten								
Schlusswort und Reflexion					Besprechungen			
Überarbeitung								
Druck und Aufgabe								

(Planung: Abgabe Arbeitsvereinbarung — September: Abgabe der Arbeit)

Produkt

Phasen / Monate — Meilensteine / Arbeitsschritte	Orientierung z.B. Februar — Thema gefunden	Planung März — Fragestellung eingegrenzt	Vorbereitung April — Grundlagenliteratur bereit	Vorbereitung Mai — Einleitung geschrieben	Schreiben Juni — Theoretische Grundlagen	Schreiben Juli — Werkanalyse fertig	Schreiben August — Produkt fertig	Überarbeitung September — Arbeit überarbeitet
Thema, Arbeitsvereinbarung								
Literaturrecherche, Einleitung				Einleitung				
Theoretische Grundlagen								
Werkanalyse								
Produkt								
Schlusswort und Reflexion								
Überarbeitung, Druck, Abgabe	Besprechungen				Besprechungen			

(Planung: Prototyp 1, Abgabe Arbeitsvereinbarung — Mai: Prototyp 2 — September: Abgabe der Arbeit)

Abbildung 2 Beispiel eines Zeitplans für eine Untersuchung (oben) und Anpassungen für den Zeitplan einer Produktion (unten)

3.3 Feedbacks und die Zusammenarbeit in einer Gruppe

Wird die Arbeit in Partner- oder Gruppenarbeit geschrieben, ist eine gute Kommunikation und Arbeitsplanung von grosser Bedeutung. Alle Beteiligten sind für das Endprodukt verantwortlich, helfen sich gegenseitig und sprechen gute sowie störende Punkte in einem sachlichen Feedback an.

Ein Feedback bezieht sich immer auf einen bestimmten und möglichst konkreten Sachverhalt und erfolgt aus einer persönlichen Perspektive (Ich-Perspektive nicht Du-Perspektive). Begründen Sie Ihre Kritik und vermeiden Sie Vorwürfe und Verallgemeinerungen. Wenn Sie ein Feedback erhalten, hören Sie zuerst zu und besprechen allfällige Unklarheiten im Anschluss. Ein Feedback umfasst:

Wie gebe ich ein gutes Feedback?

1. einen positiven Beginn («Mir gefällt ...», «Ich finde ... gut»),
2. Schwächen («Ich vermisse ...», «Mich stört ..., weil ...», «Ich finde ... weniger gut») sowie
3. Anregungen, die sich auf die Schwächen beziehen («Ich wünsche mir ...», «Ich kann mir vorstellen, dass ...», «Hier würde ich ..., weil ...»).

Damit alle Gruppenmitglieder gleichzeitig an der Arbeit schreiben und diese überblicken können, sollte nur an einem Dokument gearbeitet werden, das in der Cloud gespeichert wird und auf das alle Zugriff haben. Da viele Schulen Zugang zu Office 365 haben, beschreibe ich das Vorgehen für Word Online.[5] Alternativ können Sie Google Docs (docs.google.com) verwenden:

Welche Tools unterstützen uns beim Schreiben?

1. Melden Sie sich auf office.com mit der E-Mail-Adresse Ihrer Schule und Ihrem Passwort an.
2. Laden Sie Ihre Vorlage oder jene von hep-verlag.ch/kompass hoch und öffnen diese – oder Sie wählen unter *Anwendungen, Word* und öffnen ein leeres Dokument.
3. Klicken Sie oben rechts auf *Freigabe* (bzw. *teilen*) und geben Sie das Dokument allen Gruppenmitgliedern frei. Diese finden das Dokument auf office.com im Bereich *Mit mir geteilt*. Das Dokument können Sie online oder in Word bearbeiten. Es wird automatisch gespeichert und synchronisiert.

Wenn Sie Zugang zu Microsoft Teams haben[6], empfehle ich Ihnen, diese Plattform für die Zusammenarbeit in der Gruppe zu verwenden, da Sie in Teams auch eine Chatfunktion haben und Dokumente nicht teilen müssen:

Wie arbeite ich mit Teams?

---

[5] Word Online eignet sich, um gemeinsam an einem Dokument zu arbeiten, aber nicht, um dieses zu layouten. Dazu muss das Dokument in der Desktop-App geöffnet werden.
[6] Teams ist Bestandteil von Office 365 und ebenfalls über office.com oder als App verfügbar.

1. Melden Sie sich auf teams.microsoft.com an oder laden Sie Teams herunter.[7] Verwenden Sie für das Login die E-Mail-Adresse Ihrer Schule. Wählen Sie Ihr Team.
2. Wählen Sie den gewünschten Kanal.
3. Im Register *Dateien* können Sie Ihre Dokumente wie die Vorlage der Arbeit, das Arbeitsjournal und die Aufgabenliste hochladen und direkt in Teams bearbeiten.
4. Word-Dokumente können Sie über die drei Punkte auch in der Desktop-App öffnen.

Abbildung 3 Benutzeroberfläche und erste Schritte in Teams (Screenshot: Teams 365)

Wie verteilen wir die Aufgaben in der Gruppe? Bei Gruppenarbeiten benötigen Sie eine Pendenzen- oder Aufgabenliste, in der die Aufgaben (was?), Zuständigkeiten (wer?) und Termine (bis wann?) definiert werden. Dabei ist wichtig, dass Sie Ideen sowie Vereinbarungen schriftlich festhalten, sich an Termine halten und frühzeitig kommunizieren, wenn Sie einen Termin nicht einhalten können. Auch die Aufgabenliste und das Arbeitsjournal sollten Sie in der Cloud speichern (Word Online bzw. Teams) und teilen. Dadurch haben alle jederzeit den Überblick.

Wie organisieren wir das Schreiben in der Gruppe? Für die Organisation des Schreibens empfehle ich Ihnen folgendes Vorgehen:

1. Planen Sie gemeinsam die groben Inhalte sowie die Struktur der Kapitel und legen Sie (in Absprache mit Ihrer Betreuungsperson) die Zitierweise fest. Verwenden Sie als Grundlage Ihre Arbeitsvereinbarung und die Inhaltsübersicht (vgl. S. 10 und 17).
2. Definieren Sie, wer wann welche Teile der Arbeit schreibt bzw. durchführt.
3. Schreiben Sie in Einzelarbeit die Rohfassung eines Kapitels (vgl. S. 30f). Geben Sie die Quellen korrekt an und schreiben Sie diese ins Literaturverzeichnis.
4. Lesen Sie die gesamte Arbeit. Formulieren Sie zu einem anderen Kapitel ein Feedback oder überarbeiten Sie dieses grob. Verwenden Sie dazu in der Desktop-App die Funktion *Änderungen nachverfolgen* (im Register *Überprüfen*) und/oder die Kommentare.
5. Besprechen Sie die Texte in der Gruppe.
6. Überarbeiten Sie Ihr Kapitel sorgfältig. Achten Sie auf den roten Faden der Arbeit und die Inhalte der anderen Kapitel. Vermeiden Sie unnötige Wiederholungen und verfassen Sie passende Überleitungen. Überprüfen Sie danach die Sprache (vgl. S. 35ff).

Worauf achten wir bei Besprechungen? Besprechen Sie in regelmässigen Abständen den Stand und die Inhalte der Arbeit. Definieren Sie, wer die wesentlichen Punkte (Themen und Vereinbarungen) im Arbeitsjournal (auf Word Online) festhält und wer die Besprechungen leitet. Formulieren Sie für jede Besprechung ein konkretes Ziel.

---

[7] Laden Sie Teams von teams.microsoft.com/downloads herunter.

4 Themenfindung, Fragestellung und Methodenwahl

Grundlage Ihrer Arbeit ist, dass Sie ein Thema auswählen, das Sie wirklich interessiert, und eine Fragestellung formulieren, die klar definiert ist. Die Entwicklung der Fragestellung ist eine der anspruchsvollsten und gleichzeitig eine der wichtigsten Aufgaben einer Arbeit. Die folgenden fünf Seiten helfen Ihnen, Thema und Fragestellung einzugrenzen sowie die passende Methode zu finden und zu planen.

4.1 Wahl und Konkretisierung des Themas

Da Sie die Arbeit über mehrere Monate intensiv beschäftigt, ist das Interesse am Thema von zentraler Bedeutung. Lesen Sie Artikel zu möglichen Themen, lassen Sie sich von anderen Arbeiten inspirieren und reden Sie mit verschiedenen Personen über diese Themen. Überlegen Sie sich, wo Ihre Stärken liegen und welche Methode(n) Sie gerne anwenden möchten: Möchten Sie Personen befragen, Experimente durchführen oder ein kreatives Produkt schaffen? Ihr Vorhaben muss in der zur Verfügung stehenden Zeit machbar sein und Sie müssen Zugang zum benötigten Material oder zu den relevanten Personen erhalten. Suchen Sie eine Betreuungsperson, die sich in Ihrem Thema auskennt, und tauschen Sie sich intensiv mit ihr aus.

Wie finde ich mein Thema?

Um die Themenwahl zu festigen, sollten Sie diese mehrfach hinterfragen: Beschreiben Sie Ihr Thema und erklären Sie, warum Sie das machen wollen. Hinterfragen und erklären Sie Ihre Antwort noch einmal (warum genau?). Wiederholen Sie diesen Schritt. So sehen Sie, was Sie wirklich interessiert (daraus entwickeln Sie anschliessend die Fragestellung), oder Sie merken, dass Sie sich noch zu wenig mit Ihrem Thema auseinandergesetzt haben.

Ist das grobe Thema definiert, sollten Sie es wie folgt konkretisieren. Beachten Sie hierzu auch die Arbeitsblätter unter «Weitere Materialien» auf hep-verlag.ch/kompass:

Wie grenze ich mein Thema ein?

1. Erstellen Sie eine Mindmap zu Ihrem Thema[8]. Ergänzen Sie dieses mithilfe der Literatur und den Informationen aus den Gesprächen. Je detaillierter Sie dies machen, desto einfacher werden die nachfolgenden Schritte (vgl. Abb. auf S. 16).
2. Markieren Sie jene Bereiche der Mindmap, die Sie in Ihrer Arbeit behandeln möchten. Wichtig ist, dass Sie das Thema klar definieren. Ansonsten besteht die Gefahr, dass Sie zu oberflächlich bleiben oder dass Ihre Arbeit zu umfangreich wird.

---

[8] z.B. mit bubbl.us

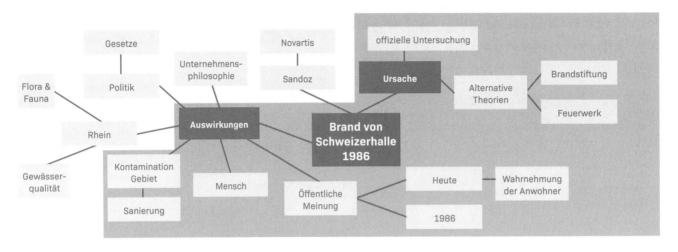

Legende ▬▬▬ Aspekte, die in der Arbeit vertieft behandelt werden (Kern der Arbeit)
☐ Aspekte, die nur angesprochen werden sollen

Abbildung 4 Beispiel zur Eingrenzung des Themas mithilfe einer Mindmap

4.2 Entwicklung der Fragestellung

Wie entwickle ich die Fragestellung?

Nachdem Sie Ihr Thema definiert haben, müssen Sie eine präzise Fragestellung entwickeln. In Anlehnung an Schmitz und Zöllner (2007, S. 38) sowie Bonati und Hadorn (2009, S. 56) grenzen Sie Ihren Untersuchungsgegenstand wie in einem Trichter immer stärker ein (vgl. Abb. 5). Definieren Sie:

1. mithilfe Ihrer Mindmap das konkrete, eingegrenzte Thema (was?),
2. Personengruppen, Institutionen oder Quellen, die Sie interessieren (wer?),
3. einzelne Aspekte, auf die Sie den Fokus legen wollen (was genau?),
4. die Methode(n), mit der (bzw. denen) Sie Ihr Thema untersuchen (wie?) und
5. den zeitlichen (wann?) sowie räumlichen Geltungsbereich (wo?).

Welche Methoden kann ich wählen?

Oftmals geht es in schriftlichen Arbeiten um die Aufarbeitung oder Analyse eines spezifischen Sachverhalts, die Überprüfung einer These oder darum, ein literarisches, kreatives oder technisches Produkt zu schaffen. Als Methoden kommen hauptsächlich Experimente, Beobachtungen, Analysen, Umfragen, Interviews und Produktionen zur Anwendung, seltener wird ein Projekt organisiert (vgl. S. 18f).

Wie formuliere ich meine Fragestellung?

Thema (was?) Brand Schweizerhalle 1986
Akteure (wer?) Ansässige Bevölkerung
Fokus (was genau?) Erinnerungen
Ort (wo?) Muttenz/Pratteln
Methode (wie?) Umfrage
Zeit (wann?) Heute

Wie beurteilt die ansässige Bevölkerung den Brand von Schweizerhalle 1986 heute?

Nachdem Sie die obigen fünf Punkte definiert haben (was, wer, was genau, wie, wo, wann), kombinieren Sie diese zu einer möglichst präzisen Fragestellung (vgl. Abb. 5). Unter hep-verlag.ch/kompass finden Sie ein Arbeitsblatt zur Themenfindung und zur Entwicklung der Fragestellung.

Abbildung 5 Prinzip und Beispiel zur Entwicklung der Fragestellung

Grenzen Sie die Fragestellung klar ein und besprechen Sie diese intensiv mit Ihrer Betreuungsperson. Planen Sie für diese Phase genügend Zeit ein (vgl. Zeitplan S. 11f). Ansonsten besteht die Gefahr, dass Sie an der Fragestellung vorbeischreiben oder dass Ihre Arbeit zu lange bzw. zu oberflächlich wird. Lernen Sie die Fragestellung auswendig, behalten Sie diese stets im Hinterkopf und hängen Sie sie zusammen mit dem Zeitplan in grossen Buchstaben an Ihrem Arbeitsplatz auf.

Was muss ich bei der Fragestellung beachten?

Tabelle 2 Ausgewählte Themen und gute Fragestellungen

Thema	Fragestellung	Methode
Reduktion von Prüfungsstress bei Schülerinnen und Schülern durch Atem- und Achtsamkeitsübungen	Können Atem- und Achtsamkeitsübungen während sechs Wochen subjektiv empfundenen Prüfungsstress und dessen Symptome bei Gymnasiastinnen und Gymnasiasten reduzieren?	Experiment
Klimapolitik der Schweiz im Spannungsfeld zwischen Wissenschaft und Politik	In welcher Form haben wissenschaftliche Erkenntnisse über den Klimawandel in der Schweiz Eingang in die politische Diskussion zur Energiestrategie 2050 gefunden?	Analyse
Positionierung türkischer Einwanderinnen und Einwanderer zu Themen wie Heimat und Integration	Was verstehen junge türkische Einwanderinnen und Einwanderer in der Region Basel unter Heimat?	Interview
Sprachentwicklung und Sprachverständnis in der Region Basel	Wie gut verstehen unterschiedliche Bevölkerungsgruppen aus der Region Basel heute noch das traditionelle Baslerdeutsch?	Umfrage
Gestaltung von Bildern in Anlehnung an Roy Lichtenstein	Wie male ich Bilder, die sich inhaltlich und formal an Roy Lichtenstein anlehnen und auf einen heutigen Kontext bezogen sind?	Produktion

Nun können Sie eine Inhaltsübersicht oder ein provisorisches Inhaltsverzeichnis erstellen. Als Grundlage verwenden Sie die Mindmap aus der Themenfindung und die Notizen aus der Entwicklung der Fragestellung (was, wer, was genau, wie, wo und wann?). Überlegen Sie sich, welche Aspekte abgehandelt werden müssen, damit die Fragestellung umfassend beantwortet wird. Grundsätzlich können Sie aus wichtigen Ästen Ihrer Mindmap ein Kapitel erstellen. Strukturieren Sie die Kapitel vom Allgemeinen zum Speziellen – wobei das Spezielle Ihre Fragestellung ist. Ihr Theorieteil sollte etwa drei Kapitel umfassen.

Wie erstelle ich die Inhaltsübersicht?

Inhaltsübersicht

1 Einleitung
2 Brand von Schweizerhalle
   2.1 Ereignis
   2.2 Auswirkungen
3 Ergebnisse der offiziellen Untersuchung
4 Alternative Untersuchungen und Thesen
   4.1 Brandstiftung
   4.2 Fahrlässigkeit
5 Erinnerungen der lokalen Bevölkerung (Praxisteil)
   5.1 Methodenbeschreibung
   5.2 Resultate
   5.3 Diskussion

Abbildung 6 Beispiel einer Inhaltsübersicht zur Fragestellung «Wie beurteilt die Bevölkerung von Muttenz und Pratteln den Brand von Schweizerhalle 1986 heute?»

4.3 Auswahl und Planung der Methode

Tabelle 3 Methoden für Untersuchungen und Produktionen (in Anlehnung an Bonati & Hadorn, 2009, S. 85ff)

Naturwissenschaften	Sozial- und Geisteswissenschaften	Produktion / Projekt
Experimente	Interviews und Umfragen	kreative Produktion
Messungen	Analysen, Vergleiche, Fallstudien	technische Produktion
Beobachtungen	Beobachtungen, Erkundungen	Organisation eines Projekts

Bei Arbeiten auf der Sekundarstufe II werden oft Untersuchungen durchgeführt. Dazu zählen Experimente, Beobachtungen, Interviews, Umfragen und Analysen. Häufig sind zudem Produktionen, seltener werden Projekte organisiert. Je nach Fragestellung und verfügbarer Zeit können mehrere Methoden kombiniert werden. Die wichtigsten Methoden werden in Kapitel 10 beschrieben (vgl. S. 38–46).

Welche Methode eignet sich für meine Fragestellung?

Beobachtungen oder Messungen eignen sich, um ein Verhalten oder einen Sachverhalt zu erfassen. Bei einem Experiment oder einem Test geht es darum, die Auswirkungen von bestimmten Massnahmen festzustellen. Interviews führen Sie durch, wenn Sie Zugang zu ausführlichen und nicht in der Literatur verfügbaren Informationen von Fachpersonen (Experteninterviews), Zeitzeugen (Oral History) oder anderen Personen (Interview) erhalten wollen. Umfragen eignen sich, um die Meinung, die Motive oder das Wissen einer breiten Bevölkerungsschicht zu erfassen. Analysen wenden Sie an, um Texte, Filme, Bilder, Daten oder andere Quellen zu untersuchen und zu interpretieren.

Wie plane ich eine Untersuchung?

Orientieren Sie sich bei der Planung und Durchführung einer Untersuchung an ähnlichen Arbeiten. Planen Sie die Methode in sechs Schritten:

1. Definieren Sie das Ziel Ihrer Untersuchung und nennen Sie bei Bedarf eine oder mehrere Hypothesen (Vermutungen).
2. Aus der Fragestellung, dem Ziel, den Hypothesen und den Erkenntnissen aus dem Theorieteil leiten Sie Themen und Fragen ab, die Sie mit Ihrer Methode bearbeiten bzw. beantworten wollen. Damit Ihr Praxisteil gelingt, müssen Sie zuerst die Inhalte des Theorieteils haben.
3. Auf obiger Basis bestimmen Sie möglichst konkret, wen Sie wann interviewen, befragen oder beobachten (Stichprobe) oder was Sie wann im einem Experiment messen wollen.
4. Danach erstellen Sie die Untersuchungsinstrumente (Fragebögen oder Versuchsprotokolle) und besprechen diese mit Ihrer Betreuungsperson.
5. Bevor Sie Ihre Daten erheben, sollten Sie Ihre Methode, die Untersuchungsinstrumente und die Auswertung mit einem Probelauf (Pretest) an wenigen Personen testen. So erkennen Sie die Schwächen Ihrer Untersuchung und können diese verbessern.
6. Nun können Sie Ihre Daten erheben und auswerten.

Alles, was Sie in den sechs Schritten oben definiert haben, verschriftlichen Sie möglichst detailliert in der Methodenbeschreibung des Praxisteils (vgl. S. 38f).

Bei einer Produktion geht es darum, ein literarisches, gestalterisches, musisches oder technisches Produkt zu schaffen. Eine Produktion umfasst stets eine Analyse ähnlicher Werke (vgl. S. 40f). Zudem können Sie ein Projekt oder eine Veranstaltung planen und durchführen (vgl. S. 45f).

Wie gehe ich bei einer Produktion vor?

Bei einer Produktion (vgl. S. 44f) definieren Sie das Ziel mittels Skizzen und bestehenden Werken, die Ihnen als Vorlage dienen (Werkanalyse). Anschliessend tasten Sie sich über verschiedene Varianten (Prototypen) und wiederholtes Ausprobieren immer näher an Ihr Ziel heran. Dabei geht es stets um die Wechselwirkung zwischen dem Produkt, anderen Werken (Werkanalyse) und den dazugehörigen Theorien.

5 Inhalt und Aufbau

Bei schriftlichen Arbeiten ist der Aufbau der Arbeit vorgegeben. Zudem ist definiert, welche Informationen in welche Kapitel zu schreiben sind. Auf den folgenden sechs Seiten erfahren Sie, welche Inhalte das Vorwort, die Einleitung und der Hauptteil enthalten und wie eine Arbeit aufgebaut ist. Auf Seite 23 finden Sie ein Beispiel einer kurzen Einleitung inklusive Literaturverzeichnis.

5.1 Aufbau und Bestandteile einer Arbeit

Eine schriftliche Arbeit weist eine klare Struktur mit folgenden Inhalten auf:

Was kommt auf das Titelblatt?

1. **Das Titelblatt** beinhaltet einen anregenden Titel (dieser muss nicht mit dem Arbeitstitel identisch sein), Name und Klasse, das Abgabedatum, den Namen und das Logo der Schule, den Namen der Betreuungsperson und die Art der Arbeit.[9] Achten Sie auf eine attraktive Gestaltung, beispielsweise mit einem Bild, und beachten Sie die Anforderungen Ihrer Schule (vgl. Leitfaden Ihrer Schule).

Worauf muss ich beim Inhaltsverzeichnis achten?

2. **Das Inhaltsverzeichnis** gibt die Seitenzahlen der Kapitel und Unterkapitel an. Es umfasst in der Regel nur eine Seite und ist automatisch zu erstellen (vgl. S. 28 und Inhaltsverzeichnis S. 5). Beschränken Sie sich auf zwei Ebenen mit Kapiteln und Unterkapiteln. Es sollten nicht mehrere (Unter-)Kapitel auf die gleiche Seite verweisen. Unter-Unterkapitel (3. Ebene) werden nur bei umfassenderen Arbeiten aufgeführt. Das Inhaltsverzeichnis ist nicht im Inhaltsverzeichnis aufzuführen.

Was beinhaltet das Vorwort?

3. **Das Vorwort** beinhaltet die persönlichen Gründe zur Wahl des Themas und die Danksagung (vgl. S. 21).

Bei grösseren Arbeiten folgt eine objektive Zusammenfassung (Abstract). Erkundigen Sie sich im Leitfaden Ihrer Schule und bei Ihrer Betreuungsperson, ob Sie eine Zusammenfassung schreiben müssen.

Wie ist die Einleitung strukturiert?

4. **Die Einleitung** (vgl. S. 21ff) umfasst
    1. die thematische Heranführung bzw. die Problemstellung,
    2. die Fragestellung, das Ziel der Arbeit und die Hypothese,
    3. eine grobe Beschreibung der Methode sowie
    4. einen Überblick über den Aufbau der Arbeit.

---

[9] Maturaarbeit (MA), Fachmaturitätsarbeit (FMA), selbstständige Arbeit (SA), Berufsmaturitätsarbeit (BMA) bzw. interdisziplinäre Projektarbeit (IDPA).

5. Der Hauptteil besteht in der Regel aus einem literaturbasierten Theorie- und einem Praxisteil, bei dem eine Methode angewendet wird (vgl. S. 24f und 38ff).

6. Das Schlusswort nimmt Bezug auf die Fragestellung sowie die Hypothese und beantwortet diese unter Berücksichtigung der Erkenntnisse aus dem Theorie- und Praxisteil präzise. Es folgt Ihre persönliche Meinung zum Thema. Schliesslich wird aufgezeigt, wie die Arbeit ergänzt werden könnte (vgl. S. 47).

Was schreibe ich ins Schlusswort?

7. Das Quellenverzeichnis umfasst das Literatur- sowie das Abbildungs- und Tabellenverzeichnis. Das Literaturverzeichnis listet alle Quellen der Arbeit einheitlich auf und ist alphabetisch nach den Nachnamen der Autorinnen und Autoren sortiert. Schreiben Sie alle Quellen in das gleiche Verzeichnis und verzichten Sie auf separate Verzeichnisse für Bücher und Internetquellen. So können Einträge schneller gefunden werden. Internetquellen sind an der Internetadresse (URL) erkennbar. Auf das Literatur- folgen das Tabellen- und Abbildungsverzeichnis (vgl. S. 28 und 34).[10]

Worauf muss ich beim Literaturverzeichnis achten?

8. Die Selbstständigkeitserklärung müssen Sie nach dem Druck der Arbeit unterschreiben. Den genauen Wortlaut entnehmen Sie dem Leitfaden Ihrer Schule.

9. Die Reflexion ergänzt die Arbeit mit einer persönlichen Beurteilung des Arbeitsprozesses und der Arbeit als Ganzes. Reflektieren Sie unter anderem Ihren Lernerfolg, den Umgang mit Schwierigkeiten und das Zeitmanagement selbstkritisch (vgl. S. 47).

Was schreibe ich in der Reflexion?

10. Der Anhang beinhaltet wichtige Arbeitsinstrumente wie Fragebögen oder Transkripte von Interviews sowie das Arbeitsjournal (vgl. S. 11).

5.2 Vorwort und Einleitung

Das Vorwort schreiben Sie, sobald das konkrete Thema festgelegt ist. Es ist – zusammen mit dem persönlichen Fazit im Schlusswort und der Reflexion – der einzige Teil der Arbeit, den Sie aus einer persönlichen, subjektiv gefärbten Perspektive schreiben. Verwenden Sie die erste Person Singular (Ich-Perspektive).

Im Vorwort beschreiben Sie in einem ersten Abschnitt, warum Sie welches Thema ausgewählt haben und was Sie daran interessiert. Im zweiten Abschnitt danken Sie allen Personen, die Ihnen bei der Arbeit geholfen haben – Ihrer Betreuungsperson, allfälligen Interviewpartnerinnen und -partnern oder in anonymer Form den Umfrage- oder Experimentteilnehmenden sowie allen Personen, die Ihnen bei der Arbeit geholfen haben oder diese zur Korrektur durchgelesen haben (vgl. Vorwort S. 7).

Was schreibe ich ins Vorwort?

Ich empfehle Ihnen, nach der Literaturrecherche zuerst eine provisorische Version der Einleitung zu schreiben. Sie schaffen so die Grundlage und die Leitplanken für Ihre Arbeit und verhindern ein Ausufern. Die groben Inhalte der Einleitung haben Sie bereits in

Warum soll ich zuerst die Einleitung schreiben?

---

[10] Alternativ können das Tabellen- und Abbildungsverzeichnis nach dem Inhaltsverzeichnis positioniert werden – was bei Arbeiten im Studium später je nach Studiengang die Regel wird.

der Arbeitsvereinbarung definiert. Die Einleitung wird unpersönlich im Präsens geschrieben. Wählen Sie eine neutrale Sprache, und vermeiden Sie nach Möglichkeit die erste Person (vgl. Textbausteine S. 35f). Stellen Sie den Inhalt, nicht sich als Person in den Vordergrund. Die Einleitung umfasst eine bis zwei Seiten und besteht aus vier Teilen (vgl. Einleitung S. 8f sowie die Beispiel-Einleitung S. 23):

Wie kann ich ans Thema heranführen?

1. In der thematischen Heranführung oder Problemstellung führen Sie die Leserschaft an Ihre Fragestellung heran. Sie beschreiben sachlich, worum es bei Ihrem Thema geht und warum das Thema allgemein von Bedeutung ist. Die Bedeutung des Themas oder die Problemstellung können Sie mit einem Zitat aus einem Zeitungsartikel, einer Statistik oder einem Beispiel aufzeigen. Orientieren Sie sich an der Beschreibung des Themas in der Arbeitsvereinbarung und beziehen Sie sich auf grundlegende Erkenntnisse und Daten aus der Literatur. Geben Sie die Quellen an (vgl. S. 32f). Legen Sie zuerst Allgemeines dar und werden Sie immer spezifischer. Stellen Sie sich den Schreibprozess wie einen Trichter vor, der die Lesenden immer näher an Ihre Fragestellung heranführt.

2. Von der thematischen Heranführung leiten Sie fliessend zur Fragestellung über.

Heben Sie die Fragestellung – wie hier ersichtlich – grafisch hervor.

Was folgt nach der Fragestellung?

Konkretisieren Sie bei Bedarf die Fragestellung oder einzelne Begriffe (Was genau ist gemeint?). Beschreiben Sie das Ziel der Arbeit möglichst präzise.[11] Formulieren Sie Ihre Erwartungen in Form einer Hypothese (Vermutung). Diese ist im Schlusswort mit Ja oder Nein zu beantworten, d.h. sie wird bestätigt (verifiziert) oder verworfen (falsifiziert). Auch dieser Absatz basiert auf der Arbeitsvereinbarung.

3. Nennen Sie in einem kurzen Abschnitt Ihre Methode(n) und beschreiben Sie grob das methodische Vorgehen.

4. Beschreiben Sie im letzten Abschnitt den Aufbau der Arbeit und was die Leserin oder den Leser auf den folgenden Seiten erwartet. Beachten Sie dabei Ihre Inhaltsübersicht bzw. das provisorische Inhaltsverzeichnis. D.h., fassen Sie das Inhaltsverzeichnis in Worten zusammen (vgl. Inhaltsübersicht S. 17 und Textbausteine S. 35).

---

[11] Schreiben Sie nicht, das Ziel der Arbeit sei es, die Fragestellung zu beantworten (vgl. Beispiel S. 23).

Einleitung – ein kurzes Beispiel

Am 1. November 1986 brach in einer Lagerhalle des Basler Chemiekonzerns Sandoz[1] Feuer aus. 1350 Tonnen hochgiftige Chemikalien gingen in Flammen auf. Menschen starben keine, aber die Gifte gelangten mit dem Löschwasser in den Rhein und lösten ein riesiges Fischsterben aus – bis weit in den deutschen Raum hinein.[2] Der Grossbrand von Schweizerhalle ist die grösste Chemiekatastrophe der Schweiz und eine der bedeutendsten weltweit.[3]

Abbildung 1 Die Katastrophe von Schweizerhalle 1986 (Quelle: swissinfo.ch)

30 Jahre nach der Katastrophe gibt es immer noch kontroverse Debatten. Nach der offiziellen Untersuchung verursachte eine unsachgemässe Handhabung einer Ladung «Berlinblau» den Brand. Alternative Untersuchungen deuten hingegen auf Brandstiftung hin.[4] Nun gibt es eine neue These, die auf Aussagen ehemaliger Mitarbeiter basiert: Ein leitender Angestellter hätte fahrlässig Feuerwerkskörper neben Chemieabfall deponiert. «Er prahlte damit, auf diese Weise den Chemieabfall elegant zu entsorgen.»[5] Weiterhin umstritten ist, wie stark der Brandort heute noch kontaminiert ist.[6] Zudem ist unklar, wie die ansässige Bevölkerung heute über das Ereignis denkt. Daraus ergibt sich folgende Fragestellung:

Wie beurteilt die Bevölkerung von Muttenz und Pratteln den Brand von Schweizerhalle 1986 heute?

Das Ziel der Arbeit ist es herauszufinden, welche Erinnerungen unterschiedliche soziale und demografische Bevölkerungsschichten aus den benachbarten Gemeinden Muttenz und Pratteln an das Ereignis von 1986 heute haben, wie sie zu verschiedenen Themen wie Ursache oder Langzeitfolgen stehen und wie diese Sichtweisen mit den offiziellen Untersuchungsergebnissen zusammenpassen. Meine Hypothese ist, dass ältere und besser gebildete Bevölkerungsschichten ein differenzierteres und kritischeres Bild der Katastrophe haben als jüngere, zugewanderte sowie bildungsferne Personen.

Im Sommer 2020 befrage ich mithilfe einer standardisierten Umfrage gut 100 Personen aus den Gemeinden Muttenz und Pratteln zu ihren Erinnerungen an Schweizerhalle. Um eine gute soziale und demografische Durchmischung zu erhalten, wähle ich als Stichprobe Mitglieder aus je einem Chor sowie einem Turnverein der beiden Orte.

Im theoretischen Teil werden die Katastrophe von Schweizerhalle 1986 sowie deren Auswirkungen mithilfe der verfügbaren Literatur aufgearbeitet und die offiziellen Untersuchungsergebnisse präsentiert. Anschliessend folgen die alternativen Theorien zur Katastrophe und zu den Langzeitfolgen. Im praktischen Teil werden die Resultate der Umfrage dargestellt, erklärt und mit den Erkenntnissen aus dem Theorieteil verglichen.

---

[1] Heute ist Sandoz ein Teilkonzern des Pharmakonzerns Novartis.
[2] Bachmann et al., 1986, S. 16ff
[3] Wikipedia, 2020
[4] Keller, 2017, S. 1
[5] Keller, 2017, S. 2
[6] Leybold-Johnson, 2011

Wie kann ich an das Thema heranführen?

Wie kann ich Quellen angeben?

Wie leite ich passend zur Fragestellung über?

Was ist das Ziel der Arbeit und wie lautet die Hypothese?

Wie ist das methodische Vorgehen?

Wie ist die Arbeit aufgebaut?

Wie schreibe ich die Quellenangaben?

Literatur

Bachmann, G. et al. (1986). *Das Ereignis. Chemiekatastrophe am Rhein*. Basel: Lenos.

Keller, C. (2017). *Neue Spur zu Schweizerhalle-Brand*. Basler Zeitung. 4.3.2017. S. 1–4.

Leybold-Johnson, I. (2011). *Kontroverse um Brandplatz Schweizerhalle dauert an*. Abgerufen am 23.3.2018 von www.swissinfo.ch/ger/kontroverse-um-brandplatz-schweizerhalle-dauert-an/31466146.

Wikipedia (2020). *Liste von Chemiekatastrophen*. Abgerufen am 3.1.2020 von de.wikipedia.org/wiki/Liste_von_Chemiekatastrophen.

Abbildungen

Was beinhaltet der
Hauptteil?

Abbildung 1 Die Katastrophe von Schweizerhalle 1986. Quelle: Abgerufen am 9.2.2018 von www.swissinfo.ch/ger/basels-alptraum/31300758.

5.3   Hauptteil

In der Regel werden Arbeiten geschrieben, die einen literaturbasierten Theorieteil und einen methodenbasierten Praxisteil aufweisen. Der Theorieteil umfasst das für die Fragestellung relevante Hintergrundwissen und beantwortet die Fragestellung allgemein. Er basiert auf vorhandener Literatur. Dabei verwenden Sie das Wissen von anderen Autorinnen und Autoren. Ergänzen Sie deshalb grundsätzlich jeden Abschnitt im Theorieteil mit einer Quellenangabe (vgl. S. 32f). Im Praxisteil werden Daten erhoben oder zusammengetragen, ausgewertet und analysiert. Dabei wird die Fragestellung konkret oder beispielhaft beantwortet.

Der Theorieteil umfasst mehrere Hauptkapitel mit aussagekräftigen Titeln – vermeiden Sie es, Kapitel mit «Theorieteil» zu betiteln (vgl. Abb. 7 auf S. 25). Im Theorieteil als Ganzes und in jedem Kapitel schreiben Sie stets vom Allgemeinen zum Spezifischen, wobei das Spezifische durch Ihre Fragestellung definiert ist. Jedes Kapitel thematisiert eine Teilfrage bzw. einen Teilaspekt Ihrer Fragestellung. Besprechen Sie den Aufbau Ihrer Arbeit vor dem Schreiben mit Ihrer Betreuungsperson. Wenn möglich beziehen Sie sich im letzten Kapitel des Theorieteils direkt auf die Fragestellung, die Sie allgemein, d.h. «theoretisch» beantworten. Wissen, das für die Beantwortung der Fragestellung nicht relevant ist, wird nicht zusammengefasst – auch wenn es noch so spannend ist.

Um die Leserführung zu erhöhen, sollten Sie jedes Hauptkapitel mit wenigen Sätzen einführen (worum geht es in diesem Kapitel?) und/oder im letzten Absatz die zentralen Erkenntnisse des Kapitels zusammenfassen (vgl. Textbausteine S. 35f). Diese Kurzzusammenfassungen erleichtern Ihnen später, das Schlusswort zu schreiben. Nehmen Sie im Praxisteil Bezug auf den Theorieteil und umgekehrt.

Wie schreibe ich Quellen ins Literaturverzeichnis?
Buch
Zeitungsartikel
Internetseiten

Abbildungen

Wie ist der Theorieteil aufgebaut?

Der Praxisteil (vgl. S. 38f) erhält bei einer sozial- oder geisteswissenschaftlichen Arbeit einen aussagekräftigen Titel[12] oder wird als Praxisteil betitelt. Er umfasst bei einer Untersuchung (d.h. einer «normalen» Arbeit) folgende Unterkapitel:

Wie ist der Praxisteil aufgebaut?

1. **die Methodenbeschreibung** beschreibt und begründet das methodische Vorgehen detailliert und nachvollziehbar,
2. **die Resultate** werden mittels Diagrammen und Zitaten dargestellt und
3. **die Diskussion** beinhaltet die Interpretation, Einordnung und Erklärung der Resultate sowie eine Diskussion möglicher Fehlerquellen. Im Praxisteil wird die Fragestellung mithilfe der Resultate konkret, d.h. «praktisch» beantwortet (vgl. S. 38).

Wird bei der Arbeit z.B. im literarischen, musikalischen, gestalterischen oder technischen Bereich ein Produkt geschaffen (vgl. S. 44f), umfasst die Arbeit

Was schreibe ich bei einer Produktion?

– eine differenzierte, literaturbasierte Auseinandersetzung mit dem Produkt und den erforderlichen theoretischen Grundlagen und Konzepten,
– eine Werkanalyse, bei der ähnliche Werke analysiert werden sowie
– eine Dokumentation der Entstehung des Produkts mit einer Diskussion verschiedener Varianten und der Begründung der Entscheidungen.

Wichtig ist die Wechselwirkung, d.h. das ständige Hin- und Herwechseln zwischen dem Produkt, anderen Werken (Werkanalyse) und den Erkenntnissen aus der Theorie.

Wissenschaftliche Arbeiten (IMRaD-Struktur)	Typische Untersuchung	Naturwissenschaften	Produktion
1 Abstract	1 Vorwort	1 Vorwort	1 Vorwort
2 Introduction	2 Einleitung	2 evtl. Zusammenfassung	2 Einleitung
3 Methods	3 Überschrift Kapitel 1*	3 Einleitung	3 Theoretische Grundlagen
4 Results and	4 Überschrift Kapitel 2*	4 Stand der Forschung	4 Werkanalyse
5 Discussion	5 Überschrift Kapitel 3*	5 Methoden	5 Produktion
6 Conclusion	6 Praxisteil[12]	6 Resultate	6 Schlusswort
	7 Schlusswort	7 Diskussion	
	*aussagekräftige Überschriften	8 Schlusswort	

Abbildung 7 Varianten für den Aufbau einer Arbeit (vgl. auch Abb. 6, S. 17)

---

[12] Anstelle von «Praxisteil» schreiben Sie beispielsweise «Erkenntnisse aus den Interviews».

6 Layout

Eine schriftliche Arbeit weist ein schlichtes, übersichtliches und einheitliches Layout auf. Arbeiten Sie von Anfang an konsequent mit Formatvorlagen. Erstellen Sie mithilfe der folgenden Tipps eine Vorlage oder verwenden Sie die Vorlage auf hep-verlag.ch/kompass. So vermeiden Sie am Schluss ein uneinheitliches Layout.

6.1 Layouten mit Word

Welche Schrift soll ich verwenden?

Schriftliche Arbeiten werden in der Regel im A4–Hochformat mit grossen Seitenrändern von mindestens 3 cm geschrieben (①Register *Layout, Seitenränder, benutzerdefinierte Seitenränder* – vgl. Abb. 8). Verwenden Sie nur eine Schriftart – beispielsweise Times New Roman 12, Cambria 11, Garamond 12 oder Arial 12.[13] Richten Sie Ihren Text als Blocksatz aus (②Register *Start, Blocksatz*) und aktivieren Sie die automatische Silbentrennung (③Register *Layout, Silbentrennung, Automatisch*). Ändern Sie dazu zwingend die Formatvorlage Standard (④Register *Start*, Rechtsklick auf *Formatvorlage, Ändern…*).

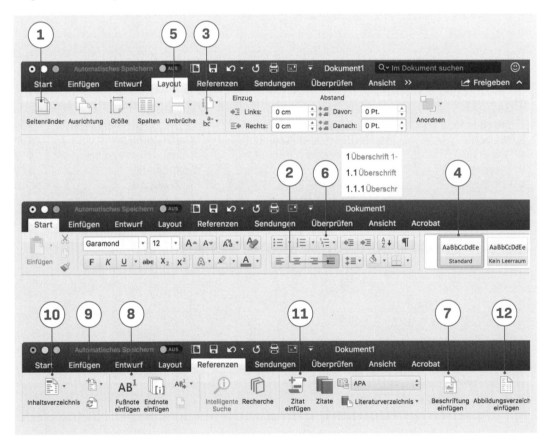

Abbildung 8 Register *Layout, Start* und *Referenzen* mit wichtigen Funktionen (Legende im Fliesstext) (Screenshots: Word 356)

---

[13] Ich empfehle Ihnen, eine Serifenschrift (wie Times, Cambria oder Garamond) zu wählen, da diese besser lesbar sind. Beachten Sie allfällige Vorgaben im Leitfaden Ihrer Schule.

Erstellen Sie einheitliche sowie ausreichend grosse Abstände nach Überschriften und Grafiken. Ändern Sie hierzu Ihre Formatvorlage (④ Register *Start*, Rechtsklick auf *Formatvorlagen*, *Ändern...*, unten links von *Format* auf *Absatz...* ändern und *Abstand Vor:* bzw. *Nach:* festlegen). Der Abstand nach Kapitelüberschriften sollte zwei Zeilen (18 pt) betragen, nach Unterkapiteln und Grafiken eine Zeile (12 pt und nach einem Absatz 6 pt). Der Zeilenabstand soll zwischen 1 und 1,5 liegen.[14] Absätze sollten mindestens fünf Zeilen umfassen.

Wie formatiere ich einen Absatz?

Kapitelüberschriften sollen möglichst aussagekräftig sein, werden fett formatiert und weisen eine grössere Schriftgrösse auf (z.B. 16 pt). Verwenden Sie für Kapitel zwingend die Formatvorlage *Überschrift 1* und für Unterkapitel *Überschrift 2*. Verzichten Sie auf Unterstreichungen und Doppelpunkte. Jedes Hauptkapitel beginnt auf einer neuen Seite. Verwenden Sie dazu stets Seitenumbrüche (⑤ Register *Layout*, *Umbrüche* oder *Cmd + Enter* [*Mac*] *bzw. Ctrl + Enter* [*Win*]). Lassen Sie alle Kapitel automatisch durch Word nummerieren, wobei nach der Nummer kein Punkt kommt. (⑥ erste Kapitelüberschrift markieren, Register *Start*, *Liste mit mehreren Ebenen*, sechste *Listenbibliothek*).

Wie nummeriere ich die Kapitel?

Gestalten Sie Abbildungen gross genug und vermeiden Sie schmale Textspalten neben Grafiken. Fügen Sie Bilder *Mit Text in Zeile* und nicht als *Rechteck* ein. Achten Sie auf eine gute Auflösung (mindestens 1000 Pixel) und verzichten Sie auf Rahmen. Unter Abbildungen und über Tabellen fügen Sie nummerierte und aussagekräftige Beschriftungen ein (vgl. S. 17). Verwenden Sie die automatische Beschriftung von Word (Rechtsklick auf eine Abbildung, *Beschriftung einfügen...* bzw. ⑦ Register *Referenzen*, *Beschriftung einfügen*). Weisen Sie im Fliesstext wenn möglich auf der gleichen Seite auf die Abbildungen hin und erläutern Sie diese. Verzichten Sie auf Bilder, die lediglich der Illustration dienen.

Wie füge ich Abbildungen ein?

Verwenden Sie Fussnoten für Quellenangaben und Anmerkungen (⑧ Register *Referenzen*, *Fussnote einfügen*). Wählen Sie für Fussnoten eine kleinere Schriftgrösse (9 pt: Fussnote markieren, Register *Start*, Bereich *Formatvorlagen* unter *Aktuelle Formatvorlage* auf *Fussnotentext* klicken, *Formatvorlage ändern*).

Wie erstelle ich Fussnoten?

Das Titelblatt soll möglichst attraktiv gestaltet werden – verwenden Sie ein Bild und/oder einen farbigen Hintergrund. Es weist weder Kopf- oder Fusszeilen noch eine Seitenzahl auf (bei markierter *Fusszeile* im Register *Kopf- und Fusszeile* das Feld *erste Seite anders* markieren). Der Titel soll auf den Inhalt der Arbeit neugierig machen.

In die Fusszeile kommt die Seitenzahl – in der Regel rechts (⑨ Register *Einfügen*, *Seitenzahl* oder Register *Kopf- und Fusszeile*, *Feld*, *Page*) und bei Bedarf links der Name der Autorin oder des Autors. Verwenden Sie hier eine kleinere Schriftgrösse (10 pt).[15]

Was schreibe ich in die Kopf- und Fusszeilen?

Natürlich dürfen Sie von diesen Grundsätzen abweichen – dann muss Ihre Arbeit aber wirklich gut aussehen. Lassen Sie die fertige Arbeit binden.

---

[14] Je kleiner die Schriftart und je länger die Zeile, desto grösser muss der Zeilenabstand sein. Eine Zeile soll maximal 14 Wörter umfassen – mehr erschwert den Zeilenwechsel beim Lesen (vgl. allfällige Vorgaben im Leitfaden Ihrer Schule).

[15] Bei kleineren Arbeiten können Sie in der Kopfzeile den Titel der Arbeit nennen, bei grösseren Arbeiten die Kapiteltitel. Dazu müssen Sie jedes Kapitel mit einem Abschnittsumbruch abschliessen.

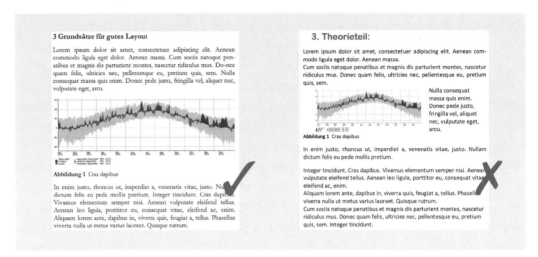

Abbildung 9 Gutes (links) und unpassendes Layout (rechts)[16]

6.2 Erstellen von Verzeichnissen

Damit Sie das Inhaltsverzeichnis erstellen und das Layout anpassen können, müssen Sie zwingend mit Formatvorlagen arbeiten.[17] Wenn Sie die Formatierung ändern möchten, ändern Sie stets die Formatvorlage, nicht den Text (④).

Wie erstelle ich das Inhaltsverzeichnis?

Das Inhaltsverzeichnis wird von Word automatisch generiert (⑩ Mit dem Mauszeiger an die gewünschte Stelle klicken, Register *Referenzen, Inhaltsverzeichnis, Benutzerdefiniertes Inhaltsverzeichnis: Format Modern, Ebenen anzeigen: 2*).[18] Wählen Sie lediglich zwei Ebenen – dann werden nur Kapitel und Unterkapitel dargestellt. So wird vermieden, dass das Inhaltsverzeichnis länger als eine Seite wird und mehrere Einträge auf dieselbe Seite verweisen.

Wie erstelle ich das Literaturverzeichnis?

Das Literaturverzeichnis erstellen Sie bei schulischen Arbeiten am einfachsten von Hand. Schreiben Sie jede Quelle direkt, vollständig und in alphabetischer Reihenfolge ins Literaturverzeichnis (vgl. S. 34). Alternativ können Sie jede Quelle in Word erfassen (⑪ Register *Referenzen, Zitat einfügen*) und das Literaturverzeichnis von Word erstellen lassen (Register *Referenzen, Literaturverzeichnis*).

Wie erstelle ich das Tabellen- und Abbildungsverzeichnis?

Das Tabellen- und Abbildungsverzeichnis wird automatisch erstellt (⑫ Register *Referenzen, Abbildungsverzeichnis einfügen, Bezeichnung: Abbildung*). Dazu müssen jedoch alle Abbildungen mithilfe der Funktion *Beschriftung einfügen* (⑦) erstellt werden. Geben Sie bei übernommenen oder abgeänderten Abbildungen die Quelle an. Entweder in Klammern nach der Bildunterschrift oder in der Fussnote, mindestens aber im Abbildungsverzeichnis (vgl. S. 53 und Beispiel S. 23). Eigene Grafiken bezeichnen Sie mit «(Eigene Abbildung)».

---

[16] Ein gutes Layout zeichnet sich aus durch klare Linien (Blocksatz; saubere Integration von Abbildungen), einheitliche Abstände, genügend grosse Absätze, ein sauberes Schriftbild (Serifenschrift; Silbentrennung) und eine klare Struktur – begleitet von aussagekräftigen Überschriften.

[17] Kapitel erhalten die Formatvorlage *Überschrift 1*, Unterkapitel die Formatvorlage *Überschrift 2*.

[18] Wählen Sie für den Titel des Inhaltsverzeichnisses die Formatvorlage Standard, sonst erscheint er im Inhaltsverzeichnis. Formatieren Sie den Titel danach von Hand so wie die anderen Überschriften.

7 Literaturrecherche

Relevante und gute Literatur ist für das Gelingen einer Arbeit zentral. Überlegen Sie sich vor der Recherche, was genau Sie suchen und wo bzw. bei wem Sie diese Informationen finden könnten. In diesem Kapitel lernen Sie verschiedene Quellen und Suchstrategien kennen und erfahren, wie Sie Literatur verarbeiten und wie Sie eine Rohfassung schreiben. Dabei ist wichtig, stets Ihre Fragestellung im Hinterkopf zu haben.

7.1 Quellen, Tipps und Strategien für die Literaturrecherche

Qualitativ hochwertige und gut strukturierte Informationen liefern in erster Linie Bücher. Starten Sie Ihre Literaturrecherche in der Mediothek Ihrer Schule, suchen Sie im Online-Katalog und fragen Sie das Personal der Mediothek. In einer späteren Phase sollten Sie eine Universitätsbibliothek aufsuchen. Beachten Sie die Bibliothekskataloge auf digithek.ch/bibliothekskataloge. Empfehlenswert ist beispielsweise der Katalog auf recherche.nebis.ch, da hier nach Bibliotheken gefiltert werden kann (vgl. Video-Tuturial zur NEBIS-Suche, siehe QR-Code).

Wo finde ich gute Bücher?

Studien und wissenschaftliche Artikel finden Sie auf scholar.google.ch sowie base-search. net. Diese Suchmaschinen verweisen auf Bücher oder Berichte, die zum Teil gratis als PDF heruntergeladen werden können.[19] Wenn Sie auch nach Synonymen und in englischer Sprache suchen, erhalten Sie mehr Suchresultate.

Wo finde ich Studien und wissenschaftliche Dokumente?

Allgemeines Wissen und Definitionen finden Sie in Nachschlagewerken. Frei zugänglich sind lexika.tanto.de und duden.de. Von Ihrer Schule aus haben Sie wahrscheinlich Zugang auf weitere Angebote der Digithek (digithek.ch/nachschlagewerke/lexika), wie Munzinger-Archive (munzinger.de) oder den Brockhaus (brockhaus.de).

Über Ihre Mediothek bzw. online über swissdox.ch haben Sie von Ihrer Schule aus Zugang zu verschiedenen Zeitschriften und Zeitungen. Da die meisten Zeitungsartikel der letzten Jahre auch im Internet verfügbar sind, können Sie auch im Internet nach Zeitungsartikeln suchen: Ergänzen Sie Ihre Suchbegriffe mit dem Namen einer Zeitung, z.B. «nzz.ch», «tagesanzeiger.ch», «srf.ch», «zeit.de», «faz.net», «welt.de», «spiegel.de»...

Wie suche ich Zeitungsartikel und Berichte?

Gute und übersichtliche Informationen finden Sie zudem in Berichten und Publikationen, die heute meist auch als PDF im Internet verfügbar sind: Ergänzen Sie Ihre Suchbegriffe mit «PDF» oder «filetype:pdf». PDF-Artikel werden in den Suchresultaten mit «[PDF]» gekennzeichnet.

---

[19] Bei Google Scholar erscheint bei kostenlosen Studien rechts vom Suchresultat: [PDF].

Wie suche ich im Internet nach guten Quellen?	Durchsuchen Sie die Literaturangaben in guten Büchern sowie die Links und Einzelnachweise thematisch relevanter Wikipedia-Seiten nach guter Literatur. Wenn Sie im Internet nach Quellen suchen, gehen Sie wie folgt vor:

1. Suchen Sie möglichst präzise nach verschiedenen Wortkombinationen (z. B. Schweiz, Auswanderung, Südamerika) und Synonymen (z. B. Schweiz, Emigration, Lateinamerika). Verwenden Sie ein Minuszeichen vor einem Wort, um Begriffe auszuschliessen (z. B. Psychologie, Entwicklungsstufen, Kinder -Freud) oder Anführungs- und Schlusszeichen, um nach einer exakten Wortfolge zu suchen.
2. Geben Sie sich nicht mit dem ersten Suchresultat zufrieden: Vermeiden Sie Werbung (bezeichnet mit «Anzeige»), beurteilen Sie die blauen Titel der Suchresultate sowie die darüber stehenden Internetadressen (wer stellt die Informationen zur Verfügung?), halten Sie Ausschau nach PDF-Dokumenten ([PDF]) und öffnen Sie mehrere vielversprechende Seiten in neuen Tabs.

Wie beurteile ich Internetseiten?	Verwenden Sie grundsätzlich nur Internetseiten, auf denen ein Autor oder eine Institution sowie das Jahr angegeben sind. Fehlt eine dieser Angaben, sollten Sie eine verlässlichere Quelle suchen. Beurteilen Sie auch die Qualität von Internetseiten: Der Text soll neutral und nicht einseitig sein. Hinterfragen Sie bei kontroversen Themen, welchen Zweck die Autoren verfolgen: Wollen diese informieren oder eine Idee bzw. Sichtweise «verkaufen» (z. B. beim Thema Impfungen)?

Wo finde ich gute Bilder und Statistiken?	Bilder und Grafiken finden Sie mit einer Bildersuche auf Google, auf keystone.ch, pinterest.com oder flickr.com. Achten Sie auf eine minimale Breite von 1000 Pixeln.[20] Statistiken finden Sie auf bfs.admin.ch (Schweiz) oder de.statista.com (weltweit).

7.2 Von der Literatur zur Rohfassung

Nachdem Sie Quellen zu Ihrem Thema gefunden haben, müssen Sie diese beurteilen und lesen, die relevanten Informationen strukturieren sowie eine Rohfassung schreiben. In Anlehnung an die bekannte SQ3R-Lesemethode von Robinson sind folgende fünf Schritte bei der Lektüre wissenschaftlicher Texte hilfreich:[21]

Wie verschaffe ich mir einen Überblick?	**1. Survey** Überfliegen Sie die Literatur und verschaffen Sie sich einen Überblick. Beachten Sie das Inhaltsverzeichnis und die Überschriften, falls vorhanden die Zusammenfassung (Abstract), die Schlussfolgerungen oder den Klappentext. Prüfen Sie den Autor bzw. die Autorin sowie das Erscheinungsjahr. Die Literatur sollte in der Regel nicht viel älter als zehn Jahre sein.

Welche Informationen benötige ich?	**2. Question** Fragen Sie sich im Hinblick auf die Fragestellung, welche Informationen Sie benötigen und notieren Sie dazu Stichworte in einer Mindmap. Das hilft Ihnen, den Fokus zu behalten und erleichtert Ihnen, Notizen zu machen.

---

[20] Bei Google wird die Bildgrösse angezeigt, wenn Sie mit der Maus über das Bild fahren.

[21] Vgl. Wolfsberger, 2016, S. 150ff; Pospiech, 2017, S. 154ff; Prexl, 2015, S. 49ff

3. Read Lesen Sie die relevanten Bereiche. Markieren Sie in eigenen Büchern, Kopien und Ausdrücken wichtige Textstellen farbig und machen Sie Randnotizen. Ergänzen Sie Ihre Mindmap mit wichtigen Begriffen und den dazugehörigen Seitenangaben.

4. Recite Vergegenwärtigen Sie die zentralen Aussagen, Erkenntnisse und Zusammenhänge des Textes und halten Sie diese in Ihrer Mindmap fest. Bei wichtigen Texten lohnt es sich, die wichtigsten Resultate und Thesen, die dazugehörige Argumentation sowie die Hauptaussagen in eigenen Worten zusammenzufassen. Schreiben Sie besonders wichtige Textstellen als direkte Zitate auf und notieren Sie die Seitenzahlen. Ergänzen Sie Ihre Zusammenfassung (bzw. Ihr Exzerpt) mit der vollständigen Quellenangabe (vgl. S. 32ff).

Wie fasse ich die Texte zusammen?

5. Review Prüfen Sie, ob die Inhalte für Ihre Fragestellung relevant sind, überlegen Sie, in welches Kapitel sie gehören und welche Informationen Sie als nächstes benötigen.

Planen Sie den Aufbau, bevor Sie mit dem Schreiben eines Kapitels beginnen. Notieren Sie zuerst stichwortartig, worüber Sie schreiben wollen. Gliedern Sie Ihre Kapitel vom Allgemeinen zum Speziellen oder entlang Ihrer Argumente. Stellen Sie sich folgende Fragen: Welches sind zentrale Aussagen und Erkenntnisse? Welche Zitate und Abbildungen unterstützen diese? Welche Zusammenhänge sind relevant?

Wie beginne ich mit dem Schreiben?

Anschliessend schreiben Sie die Rohfassung bzw. den Entwurf. Kombinieren Sie das Wissen aus Ihren Notizen, Zusammenfassungen sowie weiteren Quellen, zeigen Sie Zusammenhänge auf und betten Sie die Inhalte in den entsprechenden Kontext ein. Jeder Gedankengang bzw. jede Argumentation erhält einen eigenen Absatz. Überlegen Sie sich für jeden Absatz eine Botschaft. Aussagen müssen Sie mit Quellen, Zitaten, Argumenten, aussagekräftigen Statistiken, Abbildungen oder Beispielen belegen. Abbildungen und Zitate müssen zum Text beziehungsweise zu Ihrer Argumentation passen und kommentiert oder erklärt werden. Zitate brauchen eine Quellenangabe, Abbildungen und Tabellen eine aussagekräftige Beschriftung.

Wie schreibe ich meine Rohfassung?

Unterkapitel sollten in der Regel mindestens eine Seite lang sein. Achten Sie auf eine klare Leserführung: Nehmen Sie die Leserschaft «an der Hand» und zeigen Sie nachvollziehbar auf, was Sie machen. Jedes Hauptkapitel erhält eine Einführung (worum geht es?) und/oder eine Zusammenfassung mit den zentralen Erkenntnissen. Verknüpfen Sie die einzelnen Argumente, Absätze und Unterkapitel mithilfe von Textverknüpfern. Passende textverknüpfende Worte sind: zudem, dieser, daher, deshalb, des Weiteren, weil, da, so, im Gegensatz dazu, obwohl, ein weiterer Grund dafür/dagegen etc. Fokussieren Sie zuerst auf den Inhalt und erst später auf Wortwahl, Satzbau oder Rechtschreibung. Bei einer Schreibblockade schreiben Sie innerhalb Ihrer Struktur «einfach drauflos». Überarbeiten können und müssen Sie den Text später sowieso.

Wie erreiche ich eine gute Leserführung?

Textstellen mit Bezug zu Literatur müssen mit einer Quellenangabe (Autor bzw. Autorin, Jahr, Seite) ergänzt werden. Grundsätzlich braucht jeder Abschnitt im Theorieteil eine Quellenangabe. Schreiben Sie die Quellen sogleich und korrekt ins Literaturverzeichnis (vgl. S. 34). In den Geisteswissenschaften werden wichtige Anmerkungen und zusätzliche Informationen, welche vom Inhalt der Kapitel ablenken würden, in Fussnoten untergebracht.

8 Zitieren

Bei schriftlichen Arbeiten muss immer ausgewiesen werden, welche Textstellen von anderen Autorinnen und Autoren stammen. Hier lernen Sie die Grundlagen des Zitierens kennen und wie Sie die Quellen korrekt im Literaturverzeichnis ausweisen.

8.1 Zitate und die Quellenangabe nach APA[22]

Was muss ich zitieren?

Bei allen Textstellen, die Gedanken von anderen Autorinnen und Autoren enthalten – sei es aus Büchern, Berichten oder Internetseiten – müssen Sie eine Quellenangabe machen. Ansonsten geben Sie fremde als eigene Gedanken aus, schmücken sich mit «fremden Federn» und begehen ein Plagiat. Plagiate sind Diebstahl von geistigem Eigentum und führen zum Nichtbestehen einer Arbeit.

Beim Zitieren wird zwischen direkten und indirekten Zitaten unterschieden:

Wann zitiere ich?

In der Regel wird indirekt, d. h. sinngemäss zitiert. Dabei wird das Gelesene in eigenen Worten zusammengefasst oder wiederholt (paraphrasiert). Bei jedem sinngemäss zitierten Abschnitt wird die Quelle angegeben. Grundsätzlich braucht im Theorieteil jeder Abschnitt eine Quellenangabe (z.B. am Absatzende). Stammen mehrere Abschnitte aus nur einer Quelle, kann diese in Ausnahmefällen zu Beginn erwähnt werden.[23] Besser ist es, Informationen aus mehreren Quellen zusammenzutragen.

Wie verwende ich direkte Zitate?

Direkte Zitate sind wörtliche Übernahmen von Textpassagen. Sie eignen sich für wichtige Aussagen, beispielsweise von Interviewpartnerinnen und -partnern, für Definitionen oder wenn ein Textausschnitt anschliessend analysiert werden soll. «Direkt übernommene Textteile aus anderen Quellen werden mit Anführungs- und Schlusszeichen gekennzeichnet.»[24] Kürzungen werden mit [...] und Einschübe mit [xyz] gekennzeichnet. Nach direkten Zitaten muss immer eine Quellenangabe mit Angabe der Seite der Textstelle folgen (Autor bzw. Autorin, Jahr, Seite; vgl. Fussnote). Kurze direkte Zitate werden in den Fliesstext eingebunden, längere – wie im folgenden Beispiel – grafisch hervorgehoben:

> «[Direkte] Zitate, die länger als zwei Zeilen sind, können durch einen [...] Einzug vom rechten und linken Rand abgehoben werden.»[25]

Wie gebe ich eine Quelle an?

Quellenangaben bestehen aus zwei Teilen: Ans Ende der zitierten Textstelle kommt ein Kurzverweis (Autor bzw. Autorin, Jahr). Dieser verweist auf die ausführliche Angabe der Quelle im Quellenverzeichnis. Es gibt verschiedene Arten, wie Quellen angegeben werden. Klären Sie die Art der Quellenangabe und allfällige Besonderheiten mit Ihrer Betreu-

---

[22] Für das Zitieren gibt es je nach Fachrichtung und Schule unterschiedliche Vorgaben. Die folgenden Ausführungen basieren auf dem weitverbreiteten System der American Psychological Association (APA).

[23] Z. B.: Die Ausführungen in diesem Unterkapitel basieren auf Autor (Jahr, Seite).

[24] Backhaus & Tuor, 2008, S. 63

[25] Popsiech, 2017, S. 143

ungsperson. Entscheiden Sie sich dabei für eine der folgenden Zitierweisen und wenden Sie diese konsequent an:

Quellenangaben in den Fussnoten Auf Sekundarstufe II sowie teilweise in den Sozial- und Geisteswissenschaften ist es üblich, die Quellenangabe bzw. den Kurzverweis in die Fussnote zu schreiben.[26] Die Fussnote enthält Autor/Autorin, Jahr und nach Möglichkeit die Seite. Die Fussnoten werden fortlaufend nummeriert und automatisch eingefügt (Register *Referenzen, Fussnote einfügen*).

Entweder erstelle ich Fussnoten …

Quellenangaben im Text Im englischen Sprachraum und den Naturwissenschaften kommt die Quellenangabe bzw. der Kurzverweis nach dem Autor/Autorin-Jahr-System in Klammern ans Ende des Satzes (APA, 2010, S. 174). Die Universität Zürich (2017, S. 3) beschreibt, wie bei sinngemässen Zitaten der Autor bzw. die Autorin auch am Satzanfang genannt werden kann (in der Klammer folgen das Jahr und nach Möglichkeit die Seite, vgl. Textbausteine S. 36).

… oder ich verwende Klammern im Text.

Quellenangaben umfassen immer den Autor bzw. die Autorin und das Jahr sowie – falls möglich – die Seitenzahl (z.B. Pospiech, 2017, S. 143). Sie sind einheitlich, eindeutig und fungieren als Schlüssel zum vollständigen Eintrag im Literaturverzeichnis.

Wie schreibe ich eine Quellenangabe?

Tabelle 4 Grundprinzip und Besonderheiten bei Quellenangaben[27]

	Prinzip der Quellenangabe	**Beispiel**
Grundprinzip	Autor, Jahr, Seite	**Pospiech, 2017,** S. 143
zwei Autorinnen	mit «&» verbinden	Backhaus **&** Tuor, 2008, S. 60
mehr als zwei Autoren	Erstautor und Zusatz «et al.» (für «und andere»)	Müller **et al.,** 2018
Autorin unbekannt	Institution (bzw. Webseite) nennen	Universität Zürich, 2017; statista.de, 2018
Jahr unbekannt	seriösere Quelle verwenden oder «o.J.» (ohne Jahr) schreiben	Universität Bern, **o. J.**
sinngemässe Zitate in Geisteswissenschaften	«Vgl.» (für Vergleiche) vor der Quellenangabe	**Vgl.** Ludwig & Hartmeier, 2019
Seitenangabe über mehrere Seiten	«f» (für folgend) für eine weitere und «ff» für mehrere Seiten	Universität Zürich, 2017, S. 3**f**; APA, 2010, S. 198**ff**
mehrere Quellen	mit Strichpunkt trennen	Universität Zürich, 2017, S. 3**f**; APA, 2010, S. 198
Autor und Jahr zweimal gleich	mehrere Werke mit Buchstaben unterscheiden	Duden, 2018**a**; Duden, 2018**b**

---

[26] Universität Zürich, 2017, S. 3

[27] Bei gewissen Arbeiten wird eine Quelle bei der ersten Nennung vollständig in die Fussnote geschrieben. In Geschichtswissenschaften ist es üblich, anstelle des Jahres den Titel der Quelle in die Quellenangabe zu schreiben (Autor bzw. Autorin, Titel, Seite).

8.2 Quellenangabe im Literaturverzeichnis

Das Quellenverzeichnis umfasst je ein Unterkapitel für das Literatur- sowie das Abbildungs- und Tabellenverzeichnis. Das Literaturverzeichnis erhält die Überschrift «Literatur» und wird schrittweise von Hand erstellt. Listen Sie alle verwendeten Quellen fortlaufend alphabetisch nach den Nachnamen der Autorinnen und Autoren auf. Verzichten Sie auf separate Kapitel für Literatur und Internet – Internetquellen sind an der Internetadresse (URL) ersichtlich.

Wie schreibe ich eine Quelle ins Literaturverzeichnis? Quellen werden mit Name, Vorname, Jahr, Titel und Ort der Publikation (Verlag oder URL) erfasst. Diese Informationen werden durch Punkte getrennt. Bei der genauen Formatierung ist Einheitlichkeit das wichtigste Kriterium (vgl. Literaturverzeichnis S. 52).

Tabelle 5 Grundprinzip der Quellenangabe im Literaturverzeichnis[28]

Name (wer?)	Vorname	Jahr (wann?)	Titel (was?)	Ort der Publikation (wo?)
z. B. fett mit Komma	abgekürzt	in Klammern	*kursiv*	Ort: Verlag oder Abrufdatum und URL
Ludwig,	M.	(2019).	*Forschen, aber wie?*	Bern: hep Verlag AG.

Tabelle 6 Quellenangabe unterschiedlicher Quellen[29]

Quelle	Prinzip und Beispiel
Bücher (Monografien)	**Name**, V. (Jahr). *Titel. Falls vorhanden Untertitel.* Ort: Verlag.
	Pospiech, U. (2017). *Wie schreibt man wissenschaftliche Arbeiten?* Berlin: Dudenverlag.
Artikel in gedruckten Zeitungen oder Fachzeitschriften (Journals)[30]	**Name**, V. (Jahr). *Titel.* Name der Zeitschrift. Ausgabe. Seitenbereich.
	Muhl, I. (2015). *Das hilft Kindern im Prüfungsstress.* Tages Anzeiger. 10.1.2015. S. 40.
Zeitungsartikel aus dem Internet	**Name**, V. (Jahr). *Titel.* Name der Zeitschrift. Datum. Abgerufen am Datum von URL.
	Detje, R. (2015). *Der grosse Textraub.* Zeit online. 21.8.2015. Abgerufen am 9.2.2018 von www.zeit.de/kultur/literatur/2015-08/tex-rubinowitz-plagiat-wikipedia.
PDF-Dokumente (Berichte) aus dem Internet	**Name**, V. oder **Institution** (Jahr). *Titel.* Abgerufen am Datum von URL.
	Universität Zürich (2017). *Richtlinien zum Zitieren in Anlehnung an APA-Style.* Abgerufen am 23.3.2018 von www.business.uzh.ch/dam/jcr:e8b8dd18-7dc7-4750-9196-b28349a48d8a/ Richtlinien%20zum%20Zitieren.pdf.
Internetseiten und Videos aus dem Internet	**Name**, V. oder **Institution** (Jahr). *Titel.* Abgerufen am Datum von URL.
	Duden (o. J.). *Plagiat.* Abgerufen am 21.4.2018 von www.duden.de/rechtschreibung/Plagiat.
	Robinson, K. (2006). *Do schools kill creativity?* Abgerufen am 7.2.2018 von www.ted.com/talks/ken_robinson_says_schools_kill_creativity?

---

[28] Gemäss APA werden Namen nicht fett formatiert und Vornamen abgekürzt. Für Arbeiten auf der Sekundarstufe II kann für eine bessere Übersicht von diesen Vorgaben abgewichen werden.

[29] Vgl. APA (2010) und hep-verlag.ch/kompass für weitere Quellentypen.

[30] Wegen der Einheitlichkeit und zur Vereinfachung formatieren Sie bei Zeitungsartikeln bzw. Journalen auch die Titel kursiv – gemäss APA wäre es der Name der Zeitschrift.

9 Sprache

Obwohl der sprachliche Stil von der schreibenden Person abhängig ist, gilt für schriftliche Arbeiten folgende Grundregel: Die Sprache muss präzise und sachlich-objektiv sein. Auf den folgenden Seiten lernen Sie, worauf Sie in Bezug auf die Sprachgestaltung achten sollten. Weiter finden Sie verschiedene Textbausteine, die Sie in Ihrer Arbeit verwenden können und die Ihnen den Schreibstart erleichtern.

9.1 Textbausteine und Merkmale der wissenschaftlichen Sprache

Die Arbeit wird grundsätzlich im Präsens (Gegenwartsform) in einem sachlich-objektiven Grundton geschrieben. Verwenden Sie kurze Sätze mit einer präzisen und verständlichen Sprache. Der Text soll für Lernende am Ende der Sekundarstufe II gut verständlich sein. Schreiben Sie nichts, was Sie selbst nicht verstehen. Machen Sie Ihre Gedankengänge transparent und nachvollziehbar – schliesslich können die Leserinnen und Leser nicht nachfragen.

Welchen Sprachstil soll ich verwenden?

Fassen Sie im Theorieteil das Wissen aus der Literatur in eigenen Worten zusammen. Erklären Sie unklare Fachbegriffe im Text. Vermeiden Sie unnötige Fremdwörter sowie schweizerdeutsche Ausdrücke, Umgangssprache, Wertungen und Füllwörter wie toll, immer mehr, irgend, eigentlich, einigermassen, fast, enorm, ganz, vielleicht, sozusagen, es, man… Bei Fachbegriffen sollten Sie auf Synonyme verzichten. Achten Sie auf eine geschlechtsneutrale Formulierung: Vermeiden Sie Formulierungen wie «SchülerInnen» oder «Schüler/-innen». Verwenden Sie genderneutrale Ausdrücke wie «Lernende», nennen Sie beide Wortformen (Schülerinnen und Schüler), gebrauchen Sie den Genderstern* (Schüler*innen) oder wechseln Sie zwischen der männlichen und weiblichen Form ab.

Welche Sprachtipps gibt es?

Im Praxisteil können Sie zur Vermeidung von unnötig komplizierten Passivkonstruktionen und Nominalisierungen die erste Person verwenden. Vermeiden Sie hingegen «es» oder «man». Bleiben Sie trotz «Ich-Perspektive» objektiv, und setzen Sie den Inhalt und nicht sich selbst als Person in den Vordergrund.

Die folgenden schriftlichen Redemittel oder Textbausteine helfen Ihnen, neutral und sachlich-objektiv zu formulieren:

Welche Textbausteine kann ich in meiner Arbeit verwenden?

Einleitung
- Die vorliegende Arbeit beschäftigt sich mit/thematisiert/untersucht/behandelt die Frage, ob/wie/warum…
- Daraus ergibt sich folgende Fragestellung: …
- Das Ziel der Arbeit ist es herauszufinden, wie/ob/warum…
- Im ersten Kapitel wird dargelegt/beschrieben/geht es um…
- Darauf aufbauend wird im zweiten Kapitel diskutiert/gezeigt, dass…
- Im Fokus des dritten Kapitels steht das Thema…
- Im Praxisteil wird mithilfe… untersucht/analysiert…

Theorieteil

– In diesem Kapitel wird dargelegt, beschrieben...
– Dieses Kapitel behandelt die Frage/wirft die Frage auf/geht der Frage nach...
– Dieses Kapitel behandelt/analysiert/beleuchtet/diskutiert/setzt sich mit... auseinander/umreisst/legt dar...
– Autor bzw. Autorin (Jahr) beschreibt/geht der Frage nach/zeigt auf/stellt fest/untersucht/argumentiert/erläutert/vergleicht/befürwortet/gibt zu bedenken...
– Aus den Erkenntnissen lässt sich die Schlussfolgerung ziehen, dass...
– Aus den Darlegungen lässt sich folgern/schliessen, dass...
– Die Ausführungen zeigen, dass...
– Folgende Erkenntnisse sind für meine Produktion relevant: ...

Praxisteil

– Das Ziel der Untersuchung ist es herauszufinden, wie/ob/warum...
– Mit einem Experiment/Interviews/Umfragen soll aufgezeigt werden, .../wird untersucht, .../sollen folgende Fragen beantwortet werden: ...
– An der Untersuchung/am Experiment nehmen... teil, da/weil...
– In einer ersten Phase werden.../führe ich/erstelle ich...
– Die Resultate könnten durch folgende Fehlerquellen beeinflusst/verfälscht worden sein: ...

Schlusswort

– Die vorliegende Arbeit untersucht/behandelt die Fragestellung: ...
– Der Theorieteil hat gezeigt, dass...
– Der Praxisteil hat diese Erkenntnisse gestützt, da...
– Im Praxisteil konnten diese Erkenntnisse vertieft werden, indem...
– Wie die Untersuchung/das Experiment/die Umfrage gezeigt hat, ...
– Die Fragestellung lässt sich wie folgt präzise beantworten: ...
– Eine Frage, die noch weiterer Untersuchungen bedarf, ist...

9.2 Überarbeitung der Arbeit

Nachdem Sie Ihre Rohfassung geschrieben haben, folgt die Überarbeitung bzw. Reinschrift der Kapitel in sechs Schritten:[31]

Welche Aspekte muss ich bei der Überarbeitung beachten?

1. Inhalt Überprüfen Sie den Inhalt: Ist der Text verständlich geschrieben, sind die zentralen Aussagen in Bezug auf die Fragestellung vorhanden, gibt es überflüssige oder widersprüchliche Textpassagen und werden Zusammenhänge hergestellt? Sind die Überschriften und Abbildungen aussagekräftig und werden Abbildungen sowie direkte Zitate im Fliesstext erklärt? Kapitel und Absätze sollten klare Botschaften beinhalten.

2. Struktur Prüfen Sie die Struktur des Textes: Ist ein roter Faden erkennbar, sind die Absätze logisch gegliedert und die Übergänge fliessend? Ist die Leserführung angemessen –

---

[31] Die Ausführungen dieses Kapitels basieren auf Pospiech, 2017, S. 200ff; Wolfsberger, 2016, S. 223ff.

beispielsweise mit Einführungen zu Beginn und/oder Zusammenfassungen am Ende des Kapitels? Eine gute Struktur ist auch an einem übersichtlichen Layout erkennbar.

3. Sprachstil Überarbeiten Sie die Sprache: Ist diese sachlich-objektiv? Wird der Inhalt in eher kurzen Sätzen klar vermittelt? Können Wortwiederholungen – ausser bei Fachbegriffen – durch Synonyme ersetzt werden? Ist die Wortwahl angemessen und gibt es keine schweizerdeutschen Ausdrücke oder Füllwörter? Ich empfehle Ihnen für diesen Überarbeitungsschritt auch die kostenlose Textanalyse von wortliga.de/textanalyse. Abschliessend sollten Sie Ihren Text flüssig laut vorlesen können.

Mit welchem Tool kann ich meinen Text analysieren lassen?

4. Sprachkorrektheit Lassen Sie den Text ein paar Tage ruhen, um Interpunktion, Grammatik und Rechtschreibung im Anschluss besser prüfen und korrigieren zu können. Nutzen Sie zuerst die Rechtschreibprüfung von Word (Register *Start, Editor*). Um der «Textblindheit» entgegenzuwirken, sollte der Text anschliessend ausgedruckt und noch einmal auf Papier korrigiert werden. Achten Sie beispielsweise auf die Gross- und Kleinschreibung sowie die Kommasetzung (z. B. …, dass …).

5. Formales Prüfen Sie mithilfe des Ausdrucks die Zitierweise und das Layout: Weisen alle direkten und indirekten Zitate eine korrekte Quellenangabe auf, sind das Inhalts- und Literaturverzeichnis vollständig, aktuell und einheitlich? Sind die Abbildungen gut lesbar, nummeriert sowie beschriftet, sind die Abstände überall gleich gross und ist das Layout sauber und einheitlich?

Überprüfen Sie, ob alle Vorgaben aus dem Leitfaden Ihrer Schule eingehalten werden. Beachten Sie die Checkliste im Anhang.

Was kann mir bei der Überarbeitung helfen?

6. Fremdkorrektur Drucken Sie die komplette Arbeit noch einmal aus und lassen Sie sie nach obigen fünf Punkten von mindestens einer kompetenten Person gegenlesen.

10 Methoden

Es gibt verschiedene Methoden, die bei schriftlichen Arbeiten angewendet werden können. Dieses Kapitel zeigt auf, wie der Praxisteil einer Untersuchung aufgebaut ist und repetiert so die wesentlichen Punkte aus der Methodenplanung. Anschliessend erfahren Sie, wie Sie Daten mit den häufigsten wissenschaftlichen Methoden erfassen, darstellen und auswerten.

10.1 Inhalt und Aufbau des Praxisteils

Bei einer Untersuchung besteht der Praxisteil aus drei Unterkapiteln: Methodenbeschreibung, Resultate und Diskussionen.

Was beinhaltet die Methodenbeschreibung?

1. In der Methodenbeschreibung beschreiben und begründen Sie detailliert und nachvollziehbar Ihr methodisches Vorgehen (Forschungsdesign, vgl. Planung der Methode S. 18). Die Methodenbeschreibung umfasst in der Regel eine bis zwei Seiten, bei naturwissenschaftlichen Arbeiten oft das Doppelte.

Nennen Sie erstens Ihre Methode(n) und beschreiben Sie, was Sie in Ihrem Praxisteil «herausfinden» möchten: Leiten Sie aus Ihrer Fragestellung, dem Ziel, den Hypothesen und den Erkenntnissen aus dem Theorieteil Themen oder Fragen ab, die Sie mit Ihrer Untersuchung bearbeiten möchten. Diese Themen oder Fragen bilden die Basis für Ihre Untersuchungsinstrumente (Fragebogen, Versuchsprotokoll, Beobachtungsraster), die Sie in den Anhang stellen. Besprechen Sie das methodische Vorgehen und die Untersuchungsinstrumente mit Ihrer Betreuungsperson.

Wie beschreibe ich das methodische Vorgehen?

Zweitens beschreiben und begründen Sie ausführlich und so konkret wie möglich, wen Sie aus welchen Gründen interviewen, befragen oder beobachten, beziehungsweise was Sie aus welchen Gründen in einem Experiment messen. Begründen Sie Ihre Entscheidungen. Beschreiben Sie auch Ort, Zeit und Dauer Ihrer Untersuchung und dokumentieren Sie allfällige Vorbereitungen. Führen Sie aus, wann und wie Sie den Probelauf (Pretest) durchführen. Beachten Sie dabei auch Literatur zum methodischen Vorgehen und geben Sie die Quelle an (vgl. S. 39ff oder Ludwig & Hartmeier 2019 für umfassende Methodenbeschreibungen).[32]

Nach der Durchführung der Untersuchung nennen Sie drittens Ihre Datengrundlage, d.h. wann Sie wie viele Messungen, Umfragen oder Interviews durchgeführt haben. Beschreiben Sie schliesslich, wie Sie die Daten auswerten oder analysieren (vgl. S. 40f).

Wie stelle ich meine Resultate dar?

2. Im Kapitel «Resultate» fassen Sie Ihre Resultate neutral und objektiv zusammen. Visualisieren Sie die wesentlichen Resultate mit direkten Zitaten, Tabellen oder Diagrammen. Komplexe Diagramme erstellen Sie mit Excel, einfachere mit PowerPoint (Register *Einfügen, Diagramm*).

---

[32] Z.B.: Das methodische Vorgehen erfolgt gemäss Autor (Jahr, Seite); z.B. Brunold (2018, S. 39f).

3. In der Diskussion ordnen Sie Ihre Resultate ein (was bedeuten diese?) und stellen Zusammenhänge her. Erklären Sie diese mithilfe von Argumenten und mithilfe der Literatur. Nennen Sie noch einmal wörtlich Ihre Hypothese(n) und begründen Sie, ob Sie diese bestätigen können (verifizieren) oder nicht (falsifizieren). Behalten Sie dabei stets Ihre Fragestellung im Kopf und beantworten Sie diese «praktisch». Diskutieren Sie allfällige Unterschiede bei den Erkenntnissen aus dem Theorie- und dem Praxisteil.

Was schreibe ich in der Diskussion?

Beurteilen Sie die Qualität der Resultate (sind diese aussagekräftig?) und erläutern Sie mögliche Fehlerquellen Ihrer Untersuchung. Fehlerquellen können unpräzise Messungen, eine zu kurze Dauer eines Experiments, unkontrollierbare Variablen (oder «Fremdeinwirkungen»), zu kleine oder ungünstig zusammengesetzte Stichproben, unklare Fragen oder die soziale Erwünschtheit sein.[33]

Welche Fehlerquellen sollte ich beachten?

10.2 Experimente und Beobachtungen

Bei den naturwissenschaftlichen Methoden Beobachtung und Experiment wird untersucht, wie etwas ist oder wie sich etwas verhält. Dabei geht es in der Regel darum, eine oder mehrere Hypothesen zu prüfen. Diese werden in der Diskussion differenziert bestätigt (verifiziert) oder verworfen (falsifiziert).

Zuerst müssen Sie die Hypothesen operationalisieren, d.h. messbar machen und das Forschungsdesign planen: Bestimmen Sie so detailliert wie möglich, was bzw. wen Sie (oder eine andere Person) wann, wo und insbesondere wie untersuchen. Danach erstellen Sie die Untersuchungsinstrumente wie Beobachtungsraster oder Versuchsprotokolle. Diese kommen in den Anhang der Arbeit. Um aussagekräftige Resultate zu erhalten, müssen Sie diese Punkte präzise planen und detailliert auf mehreren Seiten in der Methodenbeschreibung festhalten (vgl. S. 38). Bei Experimenten folgt eine mehr oder weniger aufwendige Vorbereitung mit entsprechend Materialbedarf und Logistik. Dies muss sorgfältig geplant werden und benötigt entsprechend Zeit.

Wie führe ich eine naturwissenschaftliche Methode durch?

Sie können wahrscheinlich nicht alle in Frage kommenden Personen oder Objekte beobachten. Deshalb müssen Sie, am besten per Zufallslos, eine Stichprobe , d. h. eine Auswahl definieren (z.B. Personen X, Y, …; vgl. Definition einer Stichprobe S. 43). Anschliessend erstellen Sie ein Beobachtungsraster: Basierend auf den Hypothesen und den Erkenntnissen aus dem Theorieteil definieren Sie mehrere Beobachtungspunkte (was genau soll beobachtet werden?) mit entsprechenden Antwortmöglichkeiten, die Sie während der Beobachtung ankreuzen oder mit Notizen ergänzen können. Beobachtungsraster ähneln Umfragen, die Sie jedoch selbst ausfüllen (vgl. Unterkapitel Umfragen S. 44).[34]

Wie führe ich eine Beobachtung durch?

Bei Experimenten untersuchen Sie das Verhalten von Personen oder Objekten. Oft geht es darum, die Auswirkung einer bestimmten Massnahme zu testen. In der Regel bestim-

Wie führe ich ein Experiment durch?

---

[33] Die soziale Erwünschtheit sagt aus, dass Menschen bei kontroversen Themen in der Tendenz jene Antworten geben, die Sie als gesellschaftlich akzeptiert erachten.

[34] Falls es bei Ihrer Fragestellung auch um die Gründe für ein bestimmtes Verhalten geht, können Sie zusätzlich eine Umfrage durchführen (vgl. S. 43f).

men Sie (per Zufallslos) eine Versuchs- und eine Kontrollgruppe (bzw. ein Versuchs- und ein Kontrollobjekt): Beide Gruppen durchlaufen das Experiment, aber nur bei der Versuchsgruppe führen Sie die Massnahme durch (z.B. haben Sie zwei Gruppen von Pflanzen, aber nur bei einer geben Sie Dünger). Dabei testen bzw. messen Sie Ihr Untersuchungsobjekt vor und nach der Massnahme. Beachten Sie, dass auch andere Faktoren einen Einfluss auf die Messung oder den Test haben können. Die Ergebnisse halten Sie mit einem Versuchsprotokoll oder einem Test detailliert fest (z.B. zur Höhe der Pflanze, vgl. Abb. 12, S. 44).

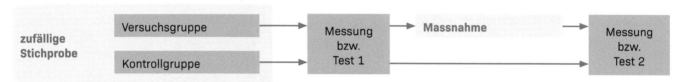

Abbildung 10 Prinzip eines Experiments (nach Ludwig & Hartmeier, 2019, S. 210)

Wie werte ich meine Daten aus? Bevor Sie mit der Beobachtung oder dem Experiment starten, sollten Sie das Forschungsdesign sowie die Untersuchungsinstrumente in einem Probedurchgang (Pretest) testen und optimieren. Einzelne Messungen sollten Sie mindestens dreimal durchführen. Die Daten tragen Sie sorgfältig in einer gut strukturierten Excel-Tabelle zusammen. Aus den Mehrfachmessungen bilden Sie Mittelwerte. Stellen Sie die wichtigsten Daten in Diagrammen oder Tabellen dar. Anschliessend erfolgt die Analyse und Diskussion der Daten.

10.3 Analysen

Wozu eignen sich Analysen? Analysen können einerseits als separate Methode angewendet werden. Dabei werden bestimmte Texte, Filme[35], Kunstwerke, Musikstücke, Daten oder Codes untersucht oder verglichen. Definieren Sie zuerst, welche Quellen Sie analysieren und besprechen Sie Ihre Wahl mit Ihrer Betreuungsperson. Vor der eigentlichen Analyse sollten Sie Gattung und Epoche bestimmen und den historischen und gesellschaftlichen Kontext recherchieren. Andererseits sind Analysen häufig Teil einer anderen Methode, beispielsweise bei der Auswertung von Interviews, gemessenen Daten oder als Werkanalyse bei einer Produktion. Tonaufnahmen bzw. Filme müssen Sie ganz oder teilweise transkribieren (vgl. S. 42). Wichtig ist, dass Sie transparent und nachvollziehbar beschreiben, wie Sie bei der Analyse vorgehen und Ihre Schritte gut begründen:

Wie führe ich eine Analyse durch? 1. Legen Sie detailliert die Ziele der Analyse fest: Leiten Sie aus der Fragestellung, Ihren Thesen, dem Ziel der Arbeit und den Erkenntnissen aus dem Theorieteil Themen (Kategorien) und Fragen (bzw. Thesen) ab, über die Sie mehr in Erfahrung bringen wollen (z.B. verschiedene Themen, Bezüge zur Theorie, Aufbau, Form, Funktion, Erzählweise ...). Oder Sie zerlegen Ihre Quelle in einzelne Elemente (semantische Segmente wie Themen, Figuren, Orte, Zeiten ...).

---

[35] Für Filmanalysen eignet sich die kostenlose App TRAVIS GO (vgl. travis-go.org).

2. Lesen Sie Ihre Texte (oder betrachten Sie Ihre Bilder) und markieren Sie alle Stellen, die sich auf ein Thema bzw. eine Frage beziehen mit einer bestimmten Farbe. Für eine bessere Übersicht hilft es, die Resultate verschiedener Themen in einer Tabelle zusammenzutragen.

Tabelle 7 Beispiel einer Analyse einer Interviewfrage inklusive den Kategorien für die Analyse

Kategorien	**Frage:** Was verstehen Sie unter dem Begriff «Naturgefahren» und welchen Stellenwert hat das Thema in Ihrem Unterricht?
zum Thema Naturgefahren im Unterricht am Gymnasium: – Verständnis von Naturgefahren – Behandlung im Unterricht – Spezifische Gefahren – Verwendete Medien **fett:** direkte Zitate	«[...] Der Mensch, der bedroht wird. In der Schweiz aufgrund des Reliefs, aufgrund der Naturgegebenheiten eher anzutreffen als in anderen Regionen. Also die Beeinträchtigung des menschlichen Daseins und damit verbundene Siedlungen, Verkehrssysteme, Landschaft und Wirtschaft. **Der Mensch ist im Zentrum.** Ich mache ein Projekt, das das Thema im sozialhistorischen Kontext betrachtet am Beispiel vom Emmental und der Glashüttenindustrie im 18Jh. Die Leute haben Wälder geschlagen zum Heizen und Glasschmelzen. Die Bauern hatten immer wieder Überschwemmungen. Das war etwas Prägendes. Mit alten Karten und Berichten kann man zeigen, was da abgelaufen ist.»

3. Fassen Sie im Kapitel Resultate pro Thema bzw. Frage die relevanten Aussagen zusammen. Dazu müssen Sie die Texte mehrmals lesen. Verwenden Sie für zentrale und beispielhafte Aussagen direkte Zitate, die Sie vom Fliesstext abheben (vgl. S. 32) oder erstellen Sie Tabellen und Diagramme.

4. In der Diskussion beschreiben und erklären Sie zentrale Erkenntnisse und zeigen Zusammenhänge auf (Regelmässigkeiten oder Bezüge zwischen den einzelnen Themen). Beziehen Sie sich bei den Erklärungen auf die gängigen Theorien zu Ihrem Thema (oder andere Literatur). Bei literarischen Texten, Filmen, Kunstwerken oder Musikstücken betten Sie diese und Ihre Erkenntnisse in den historischen sowie gesellschaftlichen Kontext ein und stellen nach Möglichkeit auch einen Bezug zur Aktualität her. Bestätigen oder verwerfen Sie Ihre (Hypo-)Thesen.

10.4 Interviews, Experteninterviews und Oral History

Über Interviews erhalten Sie Zugang zu detaillierten und nicht in der Literatur verfügbaren Informationen (Interview), zu Spezialwissen und Einschätzungen (Experteninterview) oder zu Zeitzeuginnen und Zeitzeugen (Oral History). Diese helfen Ihnen, ein Thema zu vertiefen, ersetzen jedoch keine umfassende Literaturrecherche. Leiten Sie aus der Fragestellung, dem Ziel, den Hypothesen und den Erkenntnissen aus dem Theorieteil Themen und Fragen ab, die mit den Interviews beantwortet werden sollten. Diese bilden die Basis für die Interviewfragen. Bevor Sie die Interviewfragen formulieren, sollten Sie sich fragen, welche Informationen Sie von Ihren Interviewpartnerinnen und Interviewpartnern für die Beantwortung der Fragestellung benötigen. Recherchieren Sie, wer Ihnen Antworten auf diese Fragen geben kann, beispielsweise eine Fachperson an einer Universität, einer kantonalen Behörde oder einer Organisation. Informieren Sie sich über potenzielle Interviewpartnerinnen und -partner (Name, Titel, Funktion, Tätigkeit etc.) und nehmen Sie frühzeitig und am besten telefonisch Kontakt zu diesen auf.

Mit wem führe ich die Interviews?

Wie formuliere ich gute Interviewfragen? Interviewfragen sind einfach, verständlich und beziehen sich nur auf einen Sachverhalt (kein «und» bzw. «oder»). Stellen Sie zuerst allgemeine, einfach zu beantwortende Fragen und werden Sie immer spezifischer. Orientieren Sie sich an den eingangs definierten Fragen. Vermeiden Sie Fragen, die nur mit einem Wort bzw. mit Ja oder Nein beantwortet werden können oder bei denen die Antwort vorweggenommen wird (Suggestivfragen). Formulieren Sie für wichtige Fragen Ergänzungsfragen, die Sie stellen können, wenn das Gespräch stockt. Bedenken Sie, dass es für viele Personen schwierig ist, über bestimmte Themen zu reden (Geld, Sex, Tabus) oder die eigene Meinung zu sagen. Es ist zentral, dass Sie sich gut in das Thema eingelesen haben.

1 Ihre Familie stammt aus Sri Lanka. Bitte erzählen Sie mir etwas über dieses Land.	Einstiegsfrage
2 Beschreiben Sie bitte ausführlich, warum Sie aus Sri Lanka ausgewandert sind. Welches waren die wichtigsten Migrationsgründe?	Frage Ergänzungsfrage
3 Was vermissen Sie an Sri Lanka? Welche Beziehung haben Sie zu Familienmitgliedern oder Freunden, die noch in Sri Lanka leben? Welche Erwartungen haben die Menschen in Sri Lanka an Sie?	Frage Ergänzungsfragen
X Was möchten Sie zum Abschluss zu diesem Thema noch sagen?	Abschlussfrage

Abbildung 11 Beispiele von Fragen für ein Interview

Wie führe ich ein Interview? Auch das Führen eines Interviews will geübt sein, denn die Befragten sollen zum ausführlichen Referieren oder Erzählen gebracht werden. Prüfen Sie deshalb Ihre Gesprächsführung und die Interviewfragen mit einem Probe-Interview (Pretest). Erklären Sie Ihrem Gegenüber das Ziel des Interviews und fragen Sie, ob Sie das Gespräch mit Ihrem Smartphone aufnehmen können (z. B. mit der App Sprachmemos). Während des Interviews kann die Reihenfolge der Fragen dem Gesprächsverlauf angepasst werden. Geben Sie Ihrem Gegenüber genügend Zeit, die Fragen ausführlich zu beantworten und warten Sie einen Moment, bis Sie die nächste Frage stellen. Stellen Sie mithilfe von Ergänzungsfragen sicher, dass Ihre Fragen ausreichend beantwortet werden und seien Sie bei Bedarf hartnäckig.

Wie viele Interviews brauche ich? Bei Interviews mit Laien oder Zeitzeugen sowie bei kontroversen Themen sollten Sie mindestens drei, besser fünf Interviews durchführen, damit Sie differenzierte Antworten erhalten und diese vergleichen können. Bei Experteninterviews reicht eine geringere Anzahl Interviews. Interviews dauern meistens 30 bis 60 Minuten.

Wie zitiere ich aus einem Interview? Anschliessend werden die Interviews transkribiert (abgetippt). Ein hilfreiches Tool zum Transkribieren von Interviews ist otranscribe.com. Die Transkripte kommen in den Anhang. Werten Sie diese mithilfe einer Analyse aus (vgl. S. 40f). Um gute Erkenntnisse zu erhalten, müssen Sie die Transkripte mehrmals gut lesen. Untermauern Sie Ihre Erkenntnisse mit direkten Zitaten aus den Interviews und betten Sie diese in das Thema Ihrer Arbeit ein (was bedeuten sie?). Die Zitate ergänzen Sie mit Name, Jahr und bei Bedarf Funktion des Interviewpartners bzw. der Interviewpartnerin:

> «Direkte Zitate, die länger als zwei Zeilen sind, können durch einen Abstand zum Fliesstext und jeweils 1 cm Einzug vom rechten und linken Rand abgehoben werden.»
> Dr. Ulrike Pospiech, 2017, Germanistin

Bei kontroversen Themen, die klar eingegrenzt sind, oder für detailliert begründete Meinungen eignen sich standardisierte Interviews. Diese Kurzinterviews dauern wegen ihres klaren Fokus nur rund 10 bis 15 Minuten, dafür werden mehr Personen befragt (mindestens fünf, besser zehn). Alle Befragten erhalten dieselben Fragen in der gleichen Reihenfolge.

Wofür eignen sich standardisierte Interviews?

10.5 Umfragen

Mit standardisierten Umfragen erfassen Sie Meinungen, Motive und Wissen einer breiten Bevölkerungsschicht. Sollen diese Aspekte detailliert erfasst und/oder begründet werden, eignen sich standardisierte Interviews (vgl. oben). Von Ihrer Fragestellung, dem Ziel, den Hypothesen und den Erkenntnissen aus dem Theorieteil leiten Sie Themen und Fragen ab, die Sie mit der Umfrage beantworten wollen. Auf dieser Basis erstellen Sie die Umfrage.

Wie definiere ich meine Stichprobe?

Da Sie nicht alle in Frage kommenden Personen (Zielgruppe, z.B. Lehrpersonen einer Mittelschule) befragen können, müssen Sie eine Stichprobe definieren – grundsätzlich per Zufallslos (z.B. Lehrpersonen der Klassen X und Y). Diese sollten Ihre Zielgruppe möglichst gut abbilden (d.h. repräsentativ sein, was z.B. auf Gruppenchats nicht zutrifft). Beachten Sie bei der Auswahl von Personen unter anderem Geschlecht, Alter oder soziale Schicht und dass Sie Zugang zu diesen Personen erhalten.

Wie erstelle ich eine Online-Umfrage?

Legen Sie fest, ob die Umfrage online[36] oder auf Papier ausgefüllt werden soll und wie die Fragebögen ausgeteilt und wieder eingesammelt werden. Online-Umfragen sind rasch erstellt, einfach versendet sowie eingesammelt, und die Resultate werden automatisch dargestellt. Dafür benötigen Sie die E-Mail-Adressen der Teilnehmenden.

Wie führe ich in die Umfrage ein?

In einem kurzen Begrüssungstext stellen Sie sich vor, nennen das Ziel sowie die Dauer der Umfrage und weisen auf eine anonyme Auswertung hin. Umfragen sollten nicht länger als 15 bis 20 Minuten dauern. Beginnen Sie mit Single-Choice-Fragen zu Alter, Geschlecht (und bei Bedarf zu Bildungsabschluss oder politischer Orientierung), damit Sie die Antworten später aufgrund dieser Angaben filtern können. Stellen Sie einfache und eindeutige Fragen. In der Regel geben Sie die möglichen Antworten vor (geschlossene Fragen). Offene Fragen (Textfragen) sollten Sie nur sparsam verwenden. Leiten Sie die Antwortmöglichkeiten mit Ihrem Wissen und aus der Literatur zum Thema ab und prüfen Sie diese in Gesprächen und in einem Probedurchgang (Pretest) kritisch.

Welche Fragetypen eignen sich?

Verwenden Sie nebst Single- und Multiple-Choice-Fragen bei wichtigen Themen eine Bewertungsmatrix (Ratingskala), bei der mehrere Aussagen oder Fragen mit «ja», «eher ja», «eher nein» oder «nein» bzw. für Häufigkeiten mit «täglich», «wöchentlich» ... beurteilt werden können. Wenn Sie Wissen oder Einstellungen abfragen, braucht es als Antwortmöglichkeit «weiss nicht» oder «keine Angabe». So erhalten Sie differenzierte Antworten, die gut ausgewertet werden können (vgl. Frage 4 in Abb. 12 auf S. 44). Schliessen Sie die Umfrage mit einer offenen Textfrage ab, bei der die Befragten in einem Textfeld frei zum Thema Stellung nehmen können. Bedanken Sie sich für die Teilnahme.

---

[36] Für Online-Umfragen empfehle ich das kostenlose Tool von findmind.ch.

Wie viele ausgefüllte Umfragen brauche ich?

Testen Sie Ihre Umfrage an wenigen Personen (Dauer, Verständlichkeit der Fragen, Antwortmöglichkeiten) und werten Sie diesen Pretest aus. So können Schwachstellen in der Umfrage erkannt und ausgebessert werden. Für Arbeiten der Sekundarstufe II benötigen Sie mindestens 30 ausgefüllte Umfragen. Bei Umfragen auf Papier müssen Sie genügend Zeit für das Ausfüllen der Fragebögen einplanen. Tragen Sie die Daten sauber in eine Excel-Tabelle ein. Sortieren oder filtern Sie Ihre Daten nach Geschlecht, Alter oder Ausbildung, um spezifische Aussagen zu einzelnen Personengruppen zu erhalten und um Unterschiede zwischen diesen festzustellen. Verwenden Sie die Diagramme der Online-Umfrage oder erstellen Sie eigene Diagramme (mit Excel). Anschliessend erfolgt die Analyse der Resultate (vgl. S. 40).

1 Wählen Sie Ihr Geschlecht: ❏ weiblich ❏ männlich

2 Wie alt sind Sie? ❏ 17 oder jünger ❏ 18 – 29 ❏ 30 – 44 ❏ 45 – 64 ❏ 65 oder älter

3 Wie oft beteiligen Sie sich an Abstimmungen? ❏ immer ❏ oft ❏ selten ❏ nie ❏ Ich darf nicht abstimmen

4 Befürworten Sie folgende Aussagen?
Die Zuwanderung aus der EU soll beschränkt werden. ❏ ja ❏ eher ja ❏ eher nein ❏ nein ❏ weiss nicht
Die bilateralen Verträge mit der EU sollen beibehalten werden. ❏ ja ❏ eher ja ❏ eher nein ❏ nein ❏ weiss nicht

5 ...

X Welche Partei ist Ihnen am sympathischsten? ❏ Grüne ❏ SP ❏ GLP ❏ CVP ❏ BDP ❏ FDP ❏ SVP ❏ keine Angabe

Abbildung 12 Beispiele von Fragen für eine Umfrage

10.6 Kreative oder technische Produktion

Was ist eine Produktion?

Das Ziel einer Arbeit auf Sekundarstufe II kann die Produktion eines literarischen, gestalterischen, musikalischen oder technischen Produkts sein. Produktionen sind zeitaufwendig, und ein gewisses Mass an Vorwissen oder «Begabung» ist von Vorteil. Produktionen unterscheiden sich in verschiedenen Punkten stark von einer Untersuchung, beispielsweise beim Arbeitsprozess (vgl. Zeitplan S. 12), dem Aufbau oder den Inhalten der Kapitel (vgl. S. 25). Die schriftliche Arbeit ist in der Regel weniger umfangreich. Deshalb gibt es für Produktionen separate Bewertungskriterien, mit denen einerseits die schriftliche Arbeit und andererseits das Produkt bewertet wird.

Wie gliedere ich die Arbeit?

Eine Produktion beinhaltet drei Teile: die theoretischen Grundlagen, in denen Sie die relevanten Aspekte aus der Literatur zusammentragen, eine Werkanalyse, bei der Sie aus ähnlichen Werken Erkenntnisse gewinnen und die eigentliche Produktion. Definieren Sie am Anfang Ihr Produkt mithilfe von Skizzen und erstellen Sie möglichst früh einen Prototyp. Und vergessen Sie nicht, parallel zur Produktion an der Arbeit zu schreiben.

Abbildung 13 Prinzip und Beispiel zur Wechselwirkung bei einer Produktion

Wie gelingt meine Produktion?

Wichtig für das Gelingen eines Produkts ist eine ständige Wechselwirkung zwischen der Produktion, der Werkanalyse und den theoretischen Grundlagen. Dazu müssen Sie frühzeitig mit allen drei Teilen beginnen. So werden Sie beim Studium der Literatur und durch andere Werke inspiriert, lernen die benötigten Techniken und wenden diese an. Gleichzeitig sollten Sie Ihre Entwürfe kritisch hinterfragen und dank den Erkenntnissen aus den theoretischen Grundlagen und der Werkanalyse stetig optimieren. Auch müssen Sie immer wieder nachlesen, wie Sie etwas Bestimmtes machen (z.B. wie Sie beim Programmieren ein bestimmtes Problem lösen).

Was schreibe ich in der Arbeit?

Bei den theoretischen Grundlagen fassen Sie die Informationen zum Produkt aus der Literatur, die Hintergrundinformationen sowie die theoretischen Grundlagen, Konzepte und Werkzeuge zusammen, die für die Produktion relevant sind. Wenn Sie z.B. ein Kinderbuch gestalten, fassen Sie die relevanten Aspekte der Entwicklungspsychologie und des Malstils zusammen, den Sie anwenden wollen.

In der Werkanalyse wählen Sie mehrere, für Ihre Produktion beispielhafte Werke aus, und analysieren diese in Bezug auf Ihre Fragestellung (vgl. S. 40f). Beschreiben Sie Ihre Erkenntnisse in der schriftlichen Arbeit und belegen Sie diese mit Abbildungen.

Im Kapitel Produktion erläutern Sie detailliert Ihr methodisches Vorgehen. Beschreiben und begründen Sie die Auswahl der Objekte, Materialien, Techniken etc. Dokumentieren Sie den Arbeits- und Entstehungsprozess mithilfe von Skizzen oder Fotografien und arbeiten Sie mit Varianten. Begründen Sie, welche Variante Sie für Ihr Produkt wählen. Beziehen Sie sich bei der Produktion auf die Erkenntnisse aus den theoretischen Grundlagen und der Werkanalyse.

Legen Sie das fertige Produkt nach Möglichkeit der Arbeit bei oder dokumentieren Sie dieses detailliert mit Fotografien.

10.7 Organisation von Projekten oder Veranstaltungen

Was muss ich bei einem Projekt berücksichtigen?

Bei einem Projekt bzw. der Organisation einer Veranstaltung geht es darum, sich die nötigen theoretischen Grundlagen in den Bereichen Projektplanung, Marketing, Logistik und Finanzierung anzueignen, das Projekt zu planen und durchzuführen sowie sorgfältig zu dokumentieren. Je nach Projekt kommen inhaltliche Aspekte hinzu. Eine Organisation erfordert viel Zeit und grosses Engagement. Gute Kontakte zu wichtigen Akteurinnen und Akteuren sind von Vorteil.

Wie organisiere ich mich?

Legen Sie die Grundlagen Ihres Projekts in einem Konzept fest und besprechen Sie dieses mit Ihrer Betreuungsperson sowie den relevanten Akteurinnen und Akteuren. Definieren Sie zusammen mit Ihrer Betreuungsperson projektspezifische Bewertungskriterien. Anschliessend halten Sie alle relevanten Aspekte in einem detaillierten Bericht fest und besprechen diesen mit den Beteiligten. Für wichtige Punkte sollten Verträge abgeschlossen werden. Dokumentieren Sie Organisation und Durchführung und reflektieren Sie die Umsetzung.

1. Definieren Sie mit Text und Skizzen das Ziel Ihres Projekts sowie Ihre Zielgruppe. Leiten Sie von dieser Vorlage Teilbereiche oder Teilprobleme ab, beispielsweise für die Bereiche Personelles, Marketing, Inhalt/Programm, Logistik und Finanzierung.
2. Halten Sie für diese Bereiche möglichst konkret fest, wer was, wie und wo macht. Arbeiten Sie auch mit Skizzen und Detailplänen.
3. Erstellen Sie einen präzisen Zeitplan (vgl. Zeitplan S. 12). Verschiedene Akteurinnen und Akteure können farbig markiert werden.
4. Halten Sie auf einem Plan fest, was wo zu stehen kommt.

Was muss ich noch definieren und organisieren?

Im Bereich Personelles müssen Sie das notwendige Personal aufbieten, bei Bedarf ausbilden und instruieren. Dazu müssen Sie verschiedene Sitzungen im Terminplan vorsehen. Richten Sie Ihr Marketing gezielt auf die Zielgruppe aus und machen Sie beispielsweise über soziale Medien oder mittels Flyer Werbung für Ihr Projekt. Achten Sie hier auf einen guten Auftritt und eine saubere Gestaltung. Im Bereich Programm erarbeiten oder organisieren Sie den «Inhalt» Ihres Projekts. Zur Logistik gehört die Lokalität, die genügend früh reserviert werden muss, sowie alles benötigte Material. Halten Sie fest, wer wann welches Material beschafft, aufbaut und wieder entfernt bzw. aufräumt. Berücksichtigen Sie auch die Entsorgung und allfällige Bewilligungen. Beachten Sie, dass viele dieser Punkte Kosten zur Folge haben. Erstellen Sie im Bereich Finanzierung ein detailliertes Budget mit allen Einnahmen und Ausgaben. Je nach Veranstaltung können Sie mit Einnahmen aus Eintritt und Konsum rechnen. In der Regel müssen Sie sich zudem auf die Suche nach Sponsoren machen – beispielsweise im Kreise Ihrer Familie.

11 Abschluss

Im Schlusswort der Arbeit greifen Sie Ihre Fragestellung noch einmal auf und beantworten diese differenziert. Bei Arbeiten auf der Sekundarstufe II wird das Schlusswort durch eine Reflexion des Arbeitsprozesses ergänzt. Auf die schriftliche Arbeit folgt die mündliche Präsentation. Auf den nächsten Seiten lernen Sie, was Sie im Schlusswort und in der Reflexion schreiben und wie Sie sich auf die mündliche Präsentation vorbereiten können.

11.1 Schlusswort, Zusammenfassung und Reflexion

Im Schlusswort oder Fazit fassen Sie die zentralen Erkenntnisse aus dem Theorieteil und dem Praxisteil zusammen und gehen auf Gemeinsamkeiten und Unterschiede ein (vgl. Textbausteine S. 35f). Nennen Sie noch einmal wörtlich Ihre Fragestellung und beantworten Sie diese präzise und differenziert. Beschreiben Sie, ob Ihre Hypothese(n) bestätigt wurden oder nicht. Bringen Sie die Ergebnisse der Arbeit auf den Punkt, greifen Sie jedoch keine neuen Gedanken mehr auf. Allfällige Kapitelzusammenfassungen helfen Ihnen beim Schreiben des Schlussworts. Legen Sie nach Möglichkeit in einem Absatz Ihre persönliche Meinung zum Thema dar. Unterscheiden Sie dabei klar zwischen eigenen und fremden Gedanken.

Was schreibe ich im Schlusswort?

Zeigen Sie zum Schluss auf, welche Fragen noch offen sind, wo noch Unklarheit herrscht und wie die Forschung in Ihrem Themenbereich weitergeführt werden könnte.

Bei naturwissenschaftlichen Arbeiten oder Fachmaturitätsarbeiten wird in der Regel eine Zusammenfassung (ein Abstract) verlangt. Beachten Sie die Vorgaben Ihrer Schule bzw. Betreuungsperson. In der Zusammenfassung legen Sie die Bedeutung des Themas und den Stand der Forschung dar, nennen die Fragestellung, beschreiben das methodische Vorgehen und tragen die wichtigsten Resultate, Erkenntnisse und Argumente aus Ihrer Untersuchung auf etwa einer Seite zusammen. Achten Sie darauf, hier möglichst viel Inhalt zusammenzutragen (und nicht bloss zu schreiben, worüber Sie geschrieben haben). Achten Sie auf eine präzise, sachliche Sprache und positionieren Sie die Zusammenfassung zwischen Vorwort und Einleitung.

Wie schreibe ich die Zusammenfassung meiner Arbeit?

Zuletzt folgt die oft unterschätzte Reflexion. Beurteilen Sie in einem persönlichen Text die Arbeit als Ganzes, Ihren Arbeitsprozess sowie Ihren Lernerfolg. Beschreiben Sie, was gut gegangen ist, und erläutern Sie, wo Sie Schwierigkeiten hatten und wie Sie mit diesen umgegangen sind. Beurteilen Sie beispielsweise das Zeitmanagement, die Wahl und Durchführung der Methode, den roten Faden der Arbeit, die Beantwortung der Fragestellung, den Umgang mit Quellen, die Sprache und die Überarbeitung. Wichtig ist, dass Sie Ihre Aussagen gut erklären und begründen. Als Grundlage für die Beurteilung der Arbeit dienen die Bewertungskriterien (vgl. den Leitfaden Ihrer Schule). Seien Sie dabei selbstkritisch, aber nicht kleinlich oder allzu bescheiden.

Was schreibe ich in der Reflexion?

Wann schreibe ich Schlusswort und Reflexion?	Schreiben Sie das Schlusswort, die Reflexion und bei Bedarf die Zusammenfassung am Ende der Schreib- oder Forschungsphase, bevor oder während Sie den Rest der Arbeit überarbeiten bzw. gegenlesen lassen. Prüfen und vervollständigen Sie Ihr Arbeitsjournal und die Dokumentation der Besprechungen (vgl. S. 11). Diese bilden die Grundlage für die Bewertung des Arbeitsprozesses.
Wie muss ich die Arbeit abgeben?	In der Regel wird die Arbeit einseitig ausgedruckt, gebunden und muss in dreifacher Ausführung sowie in digitaler Form (Stick oder Download-Link) abgegeben werden (vgl. den Leitfaden Ihrer Schule). Vergessen Sie nicht, die Selbstständigkeitserklärung vor der Abgabe zu unterschreiben.

11.2 Mündliche Präsentation

Was muss ich vortragen?	Bei der mündlichen Präsentation stellen Sie Ihre Arbeit einem kleinen Publikum vor. Zuerst präsentieren Sie den Inhalt der Arbeit und reflektieren diesen in einem Vortrag, anschliessend beantworten Sie Fragen (Diskussion). Normalerweise dauern Vortrag und Diskussion zusammen 20 bis 30 Minuten. Beachten Sie die Vorgaben im Leitfaden Ihrer Schule. Legen Sie den Fokus auf die Fragestellung und die Reflexion.
Wie gliedere ich die Präsentation?	Beginnen Sie Ihren Vortrag mit einem packenden Einstieg, mit dem die Bedeutung Ihres Themas zur Geltung kommt. Begrüssen Sie vor oder nach dem Einstieg Ihr Publikum und leiten Sie zur Fragestellung über. Bei Bedarf folgt eine kurze Inhaltsübersicht. Beginnen Sie jedoch nicht mit einem Inhaltsverzeichnis. Fassen Sie das methodische Vorgehen sowie die wesentlichen Resultate aus dem Theorie- und Praxisteil zusammen. Gehen Sie auf mögliche Fehlerquellen ein, und beantworten Sie Ihre Fragestellung präzise. Teilen Sie dem Publikum eine klare Botschaft mit. Reflektieren Sie in den letzten Minuten der Präsentation Ihre Arbeit, die Methode, den Arbeitsprozess und Ihren Lernerfolg.
Wie gestalte ich attraktive Folien?	Visualisieren Sie Ihre Präsentation mit einheitlichen und übersichtlichen Folien. Wählen Sie ein schlichtes Layout, das zu Ihrem Thema passt. Verwenden Sie wenig Text mit einer Schriftgrösse von mindestens 20 Punkten. Schlüsselbegriffe können fett hervorgehoben werden. Zentrale Aussagen sollten mit einer Abbildung oder einem Diagramm visualisiert werden (vgl. Abb. 14 auf S. 49). Vermeiden Sie Unterstreichungen, Animationen und Übergänge. Rechnen Sie mit ungefähr einer Folie pro Minute.
Wie kann ich mich vorbereiten?	Üben Sie Ihre Präsentation zu Hause, und achten Sie auf das Zeitmanagement. Informieren Sie sich über die Namen der beurteilenden Lehrpersonen, und testen Sie die vorhandene Infrastruktur. Bauen Sie allfällige Videos direkt in die Präsentation ein, und speichern Sie diese zur Sicherheit auf Ihrem Laptop oder einem Stick[37]. Bereiten Sie sich auch auf die Diskussion vor, und überlegen Sie, welche Fragen es zu Inhalt, methodischem Vorgehen und Arbeitsprozess geben könnte. Beantworten Sie die Fragen ausführlich und differenziert (d.h. aus unterschiedlichen Blickwinkeln).

---

[37] Videos von YouTube können Sie z.B. mit y2mate.com herunterladen

Während des Vortrags geht es darum, dass Sie Ihre Arbeit «verkaufen». Achten Sie auf Ihr Auftreten und wenden Sie sich direkt an Ihr Publikum. Suchen Sie immer wieder Blickkontakt, und verstecken Sie sich nicht hinter dem Pult. Sprechen Sie frei, laut und verständlich. Lernen Sie den Vortrag nicht auswendig, und lesen Sie ihn nicht ab. Notieren Sie stattdessen Stichworte und wichtige Aussagen auf Karteikarten, und formulieren Sie den Text während des Vortrags frei.

Bringen Sie allfällige Produkte mit und integrieren Sie diese in Ihren Vortrag.

Abbildung 14 Beispiele von guten Folien

12 Schlusswort

Das Schreiben einer Arbeit ist eine grosse Herausforderung, die relativ selbstständig gemeistert werden muss. Um diesen Prozess zu erleichtern, geht dieser «Kompass» folgender Frage nach:

Wie schreibe ich eine schriftliche Arbeit?

Wie organisiere ich das Schreiben einer Arbeit?

Sie schreiben Ihre Arbeit in mehreren Phasen. Dabei werden Sie von Ihrer Betreuungsperson begleitet und gecoacht. Besprechen Sie mit dieser jede Phase und wichtige Meilensteine wie die Themenfindung, die Arbeitsvereinbarung mit der Fragestellung, die Planung der Methode, die Einleitung sowie ein paar Seiten des Theorieteils. Teilen Sie die Zeit mit einem übersichtlichen Zeitplan gut ein, und reservieren Sie die letzten Wochen für die Überarbeitung (vgl. S. 12).

Was ist «Kern» der Arbeit?

Wählen Sie ein Thema, das Sie interessiert, und suchen Sie eine hierzu passende Methode. Grenzen Sie sowohl das Thema wie auch die Fragestellung stark ein, um ein Ausufern der Arbeit zu verhindern. Die Fragestellung ist der rote Faden der Arbeit und muss beantwortet werden. Informationen, die für die Beantwortung der Fragestellung nicht relevant sind, gehören nicht in die Arbeit (vgl. S. 24f).

Wie ist die Arbeit aufgebaut?

Im Vorwort schreiben Sie aus einer persönlichen Perspektive, warum Sie dieses Thema gewählt haben, und danken allen Beteiligten. In der Einleitung definieren Sie mit der thematischen Heranführung, der Fragestellung, dem Ziel, der Hypothese sowie einer kurzen Beschreibung des methodischen Vorgehens und des Aufbaus die Grundlagen Ihrer Arbeit (vgl. S. 21f). Im Theorieteil werden die zentralen Aspekte aus der Literatur zusammengefasst. Nach einer detaillierten Planung führen Sie eine Methode durch: ein Experiment, eine Beobachtung, Umfragen, Interviews, eine Analyse oder eine Produktion. Im Praxisteil beschreiben Sie das methodische Vorgehen detailliert, stellen die Resultate dar und diskutieren diese. Im Schlusswort wird Ihre Fragestellung präzise beantwortet (vgl. S. 47).

Wann und wie gestalte ich die Arbeit?

Schriftliche Arbeiten weisen ein schlichtes, übersichtliches und einheitliches Layout auf. Dabei arbeiten Sie von Anfang an konsequent mit Formatvorlagen (vgl. S. 29ff). Speichern Sie regelmässig ein Back-up Ihrer Dokumente.

Wie gehe ich mit Quellen um?

Suchen Sie nach Büchern, Studien und anderen guten Quellen, und verarbeiten Sie diese Informationen zu einer Rohfassung (vgl. S. 29f). Unterstützen Sie Ihre Argumentation mit Abbildungen und Statistiken. Textstellen, die auf Literatur und anderen Quellen basieren, müssen mit einer Quellenangabe gekennzeichnet werden – auf Sekundarstufe II typischerweise in der Fussnote mit Autor bzw. Autorin, Jahr, Seite. Die vollständigen Quellenangaben listen Sie alphabetisch im Literaturverzeichnis auf (vgl. S. 32ff).

Planen und schreiben Sie Ihre Rohfassung. Schriftliche Arbeiten sind klar strukturiert, die Inhalte sind verständlich sowie nachvollziehbar. Schreiben Sie Ihre Arbeit im Präsens in einem sachlich-objektiven Grundton. Bei der anschliessenden Überarbeitung prüfen Sie den Inhalt, die Struktur, die Sprache, die Rechtschreibung, die Quellenangaben und das Layout. Prüfen Sie auch, ob die Arbeit den Kriterien Ihrer Schule entspricht (vgl. Leitfaden Ihrer Schule). Achten Sie insbesondere auf eine saubere Leserführung: Jedes Hauptkapitel erhält eine Einführung und/oder eine Zusammenfassung. Lassen Sie die Arbeit von einer kompetenten Person gegenlesen (vgl. S. 33f).

Wie überarbeite ich meine Arbeit?

Parallel zur Arbeit führen Sie ein Arbeitsjournal, in dem Sie Ihren Arbeitsprozess dokumentieren. Am Schluss der Arbeit verfassen Sie eine Reflexion (vgl. S. 47).

Was gehört sonst noch zu einer Arbeit?

Beachten Sie die Checklisten im Anhang.

13 Quellenverzeichnis

13.1 Literatur

American Psychological Association (APA) (2010). *Publication Manual of the American Psychological Association* (6. Auflage). Washington: American Psychological Association.

Backhaus, N. & **Tuor,** R. (2008). *Leitfaden für wissenschaftliches Arbeiten.* Zürich: Geografisches Institut der Universität Zürich. Abgerufen am 7.2.2018 von www.geo.uzh.ch/dam/jcr:a8456d7c-df2d-4603-813a-b1b6c201225b/Leitfaden_v7_0.pdf.

Bonati, P. & **Hadorn,** R. (2009). *Matura- und andere selbständige Arbeiten betreuen. Ein Handbuch für Lehrpersonen und Dozierende.* Bern: hep Verlag AG.

Bundesamt für Statistik (BFS) (2018). *Bildungsabschlüsse. Sekundarstufe II.* Neuchâtel: Bundesamt für Statistik (BFS). Abgerufen am 25.1.2020 von www.bfs.admin.ch/bfs-static/dam/assets/6546032/master.

Duden (2015). *Die schriftliche Arbeit kompakt.* Duden Ratgeber. Berlin: Dudenverlag.

Ludwig, M. & **Hartmeier,** G. (Hrsg.) (2019). *Forschen, aber wie?* Bern: hep Verlag AG.

Pospiech, U. (2017). *Wie schreibt man wissenschaftliche Arbeiten? Von der Themenfindung bis zur Abgabe.* Berlin: Dudenverlag.

Prexl, L. (2015). *Mit digitalen Quellen arbeiten. Richtig zitieren aus Datenbanken, E-Books, YouTube und Co.* Paderborn: Utb/Ferdinand Schöningh.

Schmitz, M. & **Zöllner,** N. (2007). *Der rote Faden. 25 Schritte zur Fach- und Maturaarbeit.* Zürich: Orell Füssli.

Schweizer Jugend Forscht (SJF) (2013). *Leitfaden für innovative, wissenschaftliche Projektarbeiten.* Abgerufen am 23.3.2018 von www.sjf.ch/wp-content/uploads/2017/08/Leitfaden_Projektarbeit.pdf.

Universität Zürich (2017). *Richtlinien zum Zitieren in Anlehnung an APA-Style (6th). Einführung in das wissenschaftliche Arbeiten.* Abgerufen am 21.4.2018 von www.business.uzh.ch/dam/jcr:e8b8dd18-7dc7-4750-9196-b28349a48d8a/Richtlinien%20zum%20Zitieren.pdf.

Wolfsberger, J. (2016). *Frei geschrieben. Mut, Freiheit und Strategie für wissenschaftliche Abschlussarbeiten.* Wien: Böhlau.

13.2 Abbildungen und Tabellen

Bildnachweis

Seite 23   © Keystone, Silvio Mettler (links)
© Keystone, Michael Kupferschmidt (Mitte)
© Keystone, Gardin (rechts)

Seite 49   Pexels, Catarina Sousa (oben)
Pexels, Snapwire (unten)

Anhang

Checkliste für meine schriftliche Arbeit

Orientierungs- und Planungsphase

❏ Ich lasse mich von anderen Arbeiten und Gesprächen inspirieren und lese mich in das Thema ein.

❏ Für Besprechungen bereite ich mich schriftlich vor und notiere mir wichtige Punkte.

❏ Im Arbeitsjournal dokumentiere ich tabellarisch, was ich wann und wie lange mache.

❏ Ich studiere den Leitfaden meiner Schule sorgfältig und markiere wichtige Vorgaben.

❏ Ich erstelle einen übersichtlichen Zeitplan und passe diesen laufend an (vgl. S. 12).

❏ Thema und Fragestellung grenze ich mit meiner Betreuungsperson klar ein.

❏ In einer Inhaltsübersicht bzw. dem provisorischen Inhaltsverzeichnis definiere ich die Kapitel, den groben Inhalt und den roten Faden der Arbeit.

Vorbereitungsphase

❏ Ich verwende mehrere Bücher (Mediothek und Uni-Bibliothek), Berichte (PDF-Artikel) sowie Studien (scholar.google.com) und beurteile Internetseiten kritisch (vgl. S. 29f).

❏ Wichtige Literatur bearbeite ich z.B. mit der SQ3R-Lesetechnik und fasse sie zusammen (vgl. S. 30f).

❏ Vor dem Schreiben erstelle ich eine saubere Vorlage und verwende für die Überschriften nummerierte Formatvorlagen (vgl. S. 26f bzw. Vorlage auf hep-verlag.ch/kompass).

❏ Um ein Ausufern zu vermeiden, schreibe ich zuerst das persönliche Vorwort und die sachliche Einleitung (vgl. S. 22f). Dabei beziehe ich mich auf meine Arbeitsvereinbarung.

❏ Die Einleitung umfasst eine thematische Heranführung, die Fragestellung (grafisch hervorgehoben), Ziel und Hypothese, das methodische Vorgehen und den Aufbau der Arbeit (vgl. S. 22).

❏ Ich plane das methodische Vorgehen detailliert (wer macht was, wie, wann, wo und warum?). Methode und Untersuchungsinstrumente bespreche ich mit meiner Betreuungsperson (vgl. S. 18).

Schreibphase

❏ Ich achte auf eine sinnvolle Struktur und eine klare Leserführung mit Einführungen und/oder Kurzzusammenfassungen der Kapitel (vgl. S. 25 und Textbausteine S. 33f).

❏ Das Geschriebene ist aussagekräftig, für die Fragestellung relevant, sachlich-neutral und verständlich.

❏ Wenn ich mich auf Quellen beziehe, mache ich eine korrekte Quellenangabe (Autor bzw. Autorin, Jahr, Seite) und schreibe die Quelle ins alphabetisch sortierte Literaturverzeichnis (vgl. S. 34).

❏ Mit Zitaten, Quellenangaben, Abbildungen, Statistiken und Tabellen unterstütze ich meine Argumentation. Abbildungen sind nummeriert, haben aussagekräftige Beschriftungen und Quellenangaben.

- ❏ Nach der detaillierten Methodenbeschreibung stelle ich die Resultate neutral und mithilfe von Diagrammen oder Zitaten dar, bevor ich diese in der Diskussion interpretiere und erkläre (vgl. S. 38f).
- ❏ Im Schlusswort wiederhole und beantworte ich differenziert die Fragestellung und die Hypothese. Dazu erstelle ich eine Synthese aus dem Theorie- und Praxisteil (vgl. S. 47).
- ❏ In der Reflexion hinterfrage ich den Arbeitsprozess, den Lernerfolg und die Methode kritisch (vgl. S. 47).

Überarbeitung (vgl. S. 36f und Checkliste unten)

- ❏ Zuerst überarbeite ich den Inhalt, die Struktur, den Sprachstil sowie die Sprachkorrektheit (auch mithilfe der Rechtschreibprüfung von Word).
- ❏ Ich drucke die Arbeit aus und überprüfe noch einmal obige Punkte sowie die Quellenangaben und das Layout auf dem Ausdruck.
- ❏ Ich prüfe, ob alle Vorgaben eingehalten werden (vgl. Leitfaden der Schule).
- ❏ Die überarbeitete Arbeit gebe ich einer kompetenten Person zum Gegenlesen.
- ❏ Im Ausdruck unterschreibe ich die Selbstständigkeitserklärung.

Mündliche Präsentation (vgl. S. 48f)

- ❏ Ich starte mit einem packenden Einstieg, präsentiere und beantworte die Fragestellung mithilfe meiner Methode und reflektiere Arbeitsprozess, Lernerfolg und Methode differenziert.
- ❏ Die Folien – etwa eine pro Minute – sind übersichtlich gestaltet mit Grafiken und wenig Text.
- ❏ Den Vortrag habe ich zu Hause geübt, er entspricht den Zeitvorgaben.
- ❏ Ich habe mögliche Diskussionsfragen vorbereitet und die Infrastruktur (Laptop, Beamer) getestet.
- ❏ Ich spreche frei, halte Blickkontakt und achte auf eine natürliche Körpersprache.

Checkliste zur Überarbeitung einer schriftlichen Arbeit

1. Inhalt (vgl. S. 24f)

- ❏ Der Text ist für Schülerinnen und Schüler auf der Sekundarstufe II verständlich geschrieben.
- ❏ Aussagen werden mit Quellen, Zitaten, Argumenten oder Abbildungen belegt.
- ❏ Jeder Abschnitt weist eine klare Botschaft auf.
- ❏ Es gibt keine widersprüchlichen Aussagen und keine unnötigen Wiederholungen.
- ❏ Zusammenhänge werden hergestellt.
- ❏ Abbildungen und Zitate werden im Fliesstext erklärt.
- ❏ Kapitelüberschriften und Abbildungsbeschriftungen sind aussagekräftig.
- ❏ Die für die Beantwortung der Fragestellung relevanten Aussagen sind vorhanden.
- ❏ Im Theorieteil wird die Fragestellung allgemein mithilfe der Literatur und im Praxisteil konkret mithilfe einer Methode beantwortet.

2. Struktur (vgl. S. 20ff)

❏ Die Arbeit weist einen roten Faden auf, der sich auf die Fragestellung bezieht.

❏ Absätze sowie Kapitel sind logisch gegliedert.

❏ Die Übergänge zwischen den Absätzen sind fliessend.

❏ Kapitel werden kurz eingeführt und/oder am Ende zusammengefasst.

❏ Das Vorwort beschreibt persönlich, warum Sie welches Thema gewählt haben.

❏ Die Einleitung umfasst die Heranführung an das Thema, die Fragestellung, das Ziel, die Methodenbeschreibung und eine Beschreibung zum Aufbau der Arbeit.

❏ Der Praxisteil umfasst eine Methodenbeschreibung, die Darstellung der Resultate mithilfe von Abbildungen oder Zitaten sowie eine Diskussion.

❏ Im Schlusswort werden Fragestellung und Hypothese noch einmal genannt und differenziert beantwortet bzw. begründet. Zudem enthält es einen Ausblick.

❏ In der Reflexion werden die Arbeit, die Methode, der Arbeits- und Lernprozess sowie der Umgang mit Schwierigkeiten aus einer persönlichen Perspektive reflektiert.

3. Sprachstil (vgl. S. 35ff)

❏ Der Sprachstil ist sachlich-objektiv, der Satzbau unkompliziert und klar.

❏ Wortwiederholungen werden vermieden – ausser bei Fachbegriffen.

❏ Schweizerdeutsche Ausdrücke, Füllwörter und Wertungen werden vermieden.

❏ Sprachstil und Zeitformen sind einheitlich.

❏ Der Text kann flüssig laut vorgelesen werden.

4. Sprachkorrektheit

❏ Interpunktion, Grammatik und Rechtschreibung sind korrekt.

5. Formales

❏ Alle direkten und indirekten Zitate – also grundsätzlich alle Absätze im Theorieteil – weisen eine korrekte Quellenangabe auf (nach dem Schema Autor bzw. Autorin, Jahr, Seite; vgl. S. 32f).

❏ Alle Quellen sind alphabetisch und einheitlich im Literaturverzeichnis aufgeführt.

❏ Die Quellen der Abbildungen sind angegeben.

❏ Abbildungen und Tabellen sind gut lesbar, nummeriert und weisen eine aussagekräftige Beschriftung auf.

❏ Das Inhaltsverzeichnis ist vollständig und korrekt.

❏ Das Layout ist übersichtlich und klar, die Abstände sind einheitlich (vgl. S. 28).

❏ Die Absätze weisen eine angemessene Länge auf, sind als Blocksatz formatiert, und die Silbentrennung ist aktiv.

Vorgaben aus dem Leitfaden der Schule

❏ Der Umfang und die Gliederung der Arbeit entsprechen den Vorgaben.

❏ Das Titelblatt enthält alle erforderlichen Angaben.

❏ Die Selbständigkeitserklärung wurde korrekt übernommen.

❏ Alle weiteren Vorgaben aus dem Leitfaden werden eingehalten.